唤醒你的大脑系列

SiWei FengBao

思维风暴

快速提高**智商**与**情商**

李华伟　编著

远方出版社

图书在版编目（CIP）数据

思维风暴：快速提高智商与情商／李华伟编著．——
呼和浩特：远方出版社，2020.11
（唤醒你的大脑系列）
ISBN 978 - 7 - 5555 - 1232 - 5

Ⅰ．①思… Ⅱ．①李… Ⅲ．①思维训练 Ⅳ．①B80

中国版本图书馆 CIP 数据核字（2020）第 150795 号

思维风暴·快速提高智商与情商

SIWEI FENGBAO KUAISU TIGAO ZHISHANG YU QINGSHANG

编　著	李华伟
责任编辑	董美鲜
责任校对	心　妍
封面设计	小徐书装
版式设计	赵艳霞
出版发行	远方出版社
社　址	呼和浩特市乌兰察布东路 666 号　邮编：010010
电　话	(0471)2236473 总编室　2236460 发行部
经　销	新华书店
印　刷	天津中印联印务有限公司
开　本	145mm×210mm　1/32
字　数	169 千
印　张	7.5
版　次	2020 年 11 月第 1 版
印　次	2020 年 11 月第 1 次印刷
标准书号	ISBN 978 - 7 - 5555 - 1232 - 5
定　价	38.00 元

如发现印装质量问题，请与出版社联系调换。

前　言

在信息化、数字化、网络化的时代，许多新概念随着"信息流"冲击着我们的大脑，给我们的学习、生活和工作带来广泛而深刻的影响。首当其冲的无疑是那些正在苦读求知的青少年。心理学家、教育专家、老师和家长早已意识到中学阶段是学生学习强度、学习压力最大的时期。他们一方面呼吁为学生减负，一方面又希望他们能成为优秀的人才，能在将来引领这个时代的发展，所以特别重视大脑潜能的开发和保持心理健康的方法。

随着人们对大脑的认识越来越多，我们渐渐明白人与人之间如此不同，是因为思维不同，而思维又靠我们的脑力运转。通过学习和练习，我们可以系统性地训练我们的大脑，重构我们的思维模式，从而快速提高智商和情商。

有人反感"快速"，在这个什么都快速发展的时代，我们反而对"快速"开始了全面的质疑。其实，本书的"快速"，指的是改变你的思维模式，告诉你高效的学习方法。很多时候，一个人看待这个世界、看待自己的思维模式发生了变化，他的行动就会发生变化，他的行动发生了变化，他的成长就会发生变化。而当他的行动发生变化的时候，他的父母、同学、老师肯定都会察觉。这样的变化，是真的可以"快速"发生的。

高级的思维模式可以快速提高智商，同样的，经典实用的心理学理论也能帮助人们走出心理困境，保持心理健康。我们都清楚，在这个科技时代，我们的心理问题比以往任何一个时代都更突出，智能手机、多媒体的发展，让人们的交往更虚幻、更表面化，很多青少年变得空虚、抑郁，害怕集体活动，甚至产生了厌学情绪。提高情商，对很多青少年来说，甚至是比提高智商更迫切的问题。

本书既有最新科研成果又有宝贵的经验，既有理论又有具体实例。我们尽量让本书做到易读易懂，实用性强，又不失趣味性，让同学们在阅读中真正学习到好用的思维方法，学习到为人处世的道理。书中所精选的理论都是世界著名的心理学家、教育家的心血，它们改变了无数人的思想，改变了无数人的命运。

目 录 | Contents

1

第一章
智商与情商的真相

　　智商是用以量化智力的测验分数，情商又叫"情绪智力"，作为和智商相对应的概念，指的是一个人控制自己的情绪、承担外界压力、把握自己心理平衡的能力。情商与智商不是相互独立的，更不是相互对立的，而是在真实世界中很活跃地相互作用。两者都离不开我们对这个世界的认知力。

一、智商与情商的概念与本质

1. 智商与智力

智商，系个人智力测验成绩和同年龄组被试成绩相比（相对）的指数，是衡量个人智力高低的标准，简称IQ。更简洁地说，就是用以量化智力的测验分数。

1905年，法国心理学家比内和医生西蒙首创了一套心理学的"智力经验"编制量表法的问卷式测试，这是世界上第一套智力量表，称为"比内测量"。1916年，德国心理学家施太伦首次提出"智商"的概念：智商即智力商数，是用数值来表示智力水平的重要概念，称为"比率智商"。美国斯坦福大学心理学家推孟编制的"斯坦福－比内量表"中正式引用了"智商"这一概念，并将施太伦的测算法加以改进。IQ是用智龄（心理年龄）除以实际年龄所得的商，乘以100，即比率智商。其计算公式为：$IQ = MA（智力年龄）/CA（实际年龄）×100$。

这个公式建立的前提是假定智龄随实际年龄增长，但科学研究证明，人的智力并非随年龄增长而呈直线上升，一般16岁后，智力就基本停止发展了。显然，比率智商也有很大的局限性。

随后，美国人韦克斯勒研制了"韦氏测量"，称为"离差智商"。这是采用统计学中的均数和标准差计算出来的，表示被试者偏离他本人这个年龄组平均成绩的量数，是依据测验分数的常态分布来确定的。1938 年，英国人瑞文研制出了"瑞文测量"，称为"渐进矩阵"法。现在世界各国所用的智商测试，都是在推孟、韦克斯勒和瑞文三者基础上修订、增补、改进发展而来的。

评定的标准：

表 1.1 韦克斯勒智力评分法

69 以下为智力落后（低下）	2.2%
70~79 为临界状态	6.7%
80~89 为中下（迟钝）	16.1%
90~109 为中等	50.0%
110~119 为中上（聪明）	16.1%
120~129 为优秀	6.7%
130 以上为非常优秀	2.2%

智商测试使人类的智力第一次可以用数字来表示，成为探索人类智力历史上的一个光辉的里程碑。但是由于智商测试是问卷答题式的，所以测试出的不是人真正的智力，而在一定意义上可以说是文化知识的多少，或者说是知识与年龄的比值。它对人的天赋和智力测算得并不那么全面和准确，更不能等同于智力。因此，智商的测试只能是一个参考值，是目前评估智力某些方面的一个较好的标准。令人庆幸的是，无论按照哪一种方法进行测试，大部分人的智商都处于中等水平，也就是在 90~109。

随着科学的发展，智商测试存在的一些问题也逐渐暴露出来。人是复杂的，用一个数字去代表一个人的综合能力，这本身就不尽合理，它只能区分普遍性中的特殊性，智商特别高和智商特别低的人，或许不会存在大的争议，但在智商 85～115 的人中，说某人比另一个人智力优秀，可能就有些偏颇。比如，有的人记忆力好，有的人观察力强，有的人逻辑思维优秀，有的人发散思维特别好、想象力丰富，那么究竟谁更强呢？因此，仅仅用智商来评判人的能力显然是有问题的。

1983 年，美国哈佛大学教授加德纳在《智力的结构》一书中对智力做出新的定义，即智力是在某种社会和文化环境的价值标准下，个体用以解决自己遇到的真正难题或生产及创造出有效产品所需要的能力。人们称之为"多元智力"理论。他认为，人的智力不是一种能力而是一组能力，分别是：语言智能、数理逻辑智能、空间智能、人体运动智能、音乐智能、人际交往智能、内省智能、自然观察智能，被称为"八大智能"。

这"八大智能"看似相互独立，却又在现实生活中以不同方式、不同程序错综复杂地组合在一起，因此每个人的智力各具特点。他还举例证明，同样具有较高的数理逻辑智能的两个人，其中一个可能是数学家，而另一个可能是文盲——但他有很好的心算能力。由于每个人的智力都有独特的表现方式，每一种智力又有多种表现方式，我们很难找到一个适用于任何人的统一评价标准来判断一个人聪明与否。就好比把丘吉尔、莫扎特、爱因斯坦、毕加索、乔丹、柏拉图和马丁·路德·金放在一起，比较谁的智商更高，这有意义吗？

当然，我们不能只看到智商测量的不足之处，还是要正视其存在的积极意义。

智商的概念经过多个发展阶段，至今仍在不断完善中。智商概念发展的历史，就是其定义不断扩大的历史。

2. 情商的概念

情商（EQ）又称情绪智力，是指一个人控制自己的情绪、承担外界压力、把握自己心理平衡的能力，是近年来心理学家提出的与智力和智商相对应的概念。

过去，人们对情商的概念、研究范畴一直很模糊，直到20世纪90年代，美国的两位心理学家彼得·沙洛维和约翰·迈耶才提出了"情商"一词，即情感智商，并把它作为一个心理学范畴的概念，描述为一种三维结构：①准确评价和表达情绪的能力；②有效调节情绪的能力；③将情绪体验运用于驱动、计划和追求成功等动机和意志过程的能力。1993年，沙洛维和迈耶通过进一步研究，将其定义为一种社会智力，界定为：①分辨自己和他人情绪的能力；②调节自己和他人情绪的能力；③运用情绪信息去引导思维的能力。

1995年，美国《纽约时报》专栏作家、哈佛大学客座教授丹尼尔·戈尔曼写了一本专著《情感智商》。他在书中把情商概括为5个方面的能力：①认识自身情绪的能力；②妥善管理自身情绪的能力；③自我激励的能力；④认识他人情绪的能力；⑤人际关系的管理能力。该书为心理学界探讨已久的"情绪智力"问题做出关键性解释，被人们称为惊世之作。随后，许多心理学家、教育家、学者加入研究探讨的行列，"情商"一词几乎充斥了整个社会，包括学校、企业和日常社会生活的各个领域。

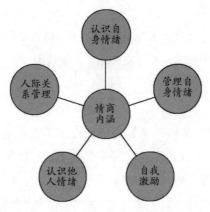

图 1.1　情商内涵

　　情商通常用情绪商数来表示，主要指人在情绪、情感、意志、耐受挫折等方面的品质。情商水平不像智力水平那样可用测验分数较准确地表示出来，只能根据个人的综合表现进行判断。尽管如此，人们还是想出了很多办法来评估一个人情商的高低。基本依据是前文中丹尼尔·戈尔曼提出的 5 个方面，它们与自知、自控、热情、坚持、社交技巧等非智力因素相关。人们在对一个人进行情商评测的时候，大多将戈尔曼提出的 5 个方面与非智力因素结合起来作为评测标准。在心理学上，对于情商的判定主要依据以下几点：

　　①自我认知力：是否了解自己的心理素质；是否对自己有客观评价；是否学会转变自己的思维方式，不被一种固定的思维所禁锢。

　　②自我控制力：是否能控制自己的情绪；是否学会放松自己的心情，管理好自己。

　　③认知他人情绪的能力：是否具有移情能力；是否会感知别

人的话语和行为，明白别人的意图；是否具有了解、疏导和驾驭别人情绪的能力。

④自我激励能力：是否始终保持积极的心态，具备坚定的信念、坚韧的毅力以及面对逆境与挫折的承受能力。

⑤人际关系的处理能力：是否具有适应环境的能力与亲和力；是否善于表达自己、与人沟通和合作；是否善于理解他人，保持和谐关系。

⑥自我调适能力：是否能通过情绪的自我调节不断提高生存质量。

通过类似的检测，最终判断一个人情商高低的标准是：高情商者做事情的动力来自内部，有很强的自觉性、主动性和自发性；善于认识自我，对自己有客观评价；善于自我激励、自我鞭策、自我管理；目光长远，有目标、有计划，不沉溺于短暂的利益中；控制情绪，头脑冷静，善于排解自己的不良情绪；人际关系和谐，有良好的人际关系网络，善于处理复杂的矛盾。

低情商者说话和做事从不考虑别人的感受，经常大发脾气，处理人际关系的能力差；应对焦虑的能力差，生活无序，爱抱怨；总喜欢为自己的失败找借口，推卸责任，做事怕困难，胆量小；心理承受能力差，经受不了一点打击和批评，容易对生活悲观绝望。

由于人的情绪会受到各种因素的影响而产生波动，情商也会因时因地而有很大不同。情商不仅具有可塑性，而且具有可训练性，因此人们可以通过后天的努力不断提高情商。

3. 情商也许比智商更重要

情商与智商既不是相互独立的，更不是相互对立的，而是在真实世界中很活跃地相互作用。智力是智慧的核心，好比是电脑的"系统软件"。试想，一台电脑如果没有安装系统软件，它将不能处理任何信息，无法进行正常工作。同理，如果我们的大脑没有相应的智力软件，就无法获得和处理"知识信息"。而情商的发展为智商的发展确立了基本方向。情商较高的人能够充分有效地利用自己现有的智力资源，并使自己的智力朝着能够产生最大效益的方向发展。

心理学家一般认为，如果智商是用来预测一个人的学业成就大小的指标，那么情商则是用于预测一个人职业生涯成功与否甚至生活成功与否的更有效的指标。它反映出个体的社会适应性。智商是前提，情商是保证，两者的关系相辅相成、缺一不可；两者相比，情商比智商更为重要。许多证据显示，情商较高的人在人生各个领域都占尽优势，反之则诸事不顺。

举个例子，1987 年，荷兰画家凡·高的代表作之一《向日葵》在伦敦以 2 250 万英镑的天价拍卖，而他生前只卖出过一幅画，所得只有区区几百法郎。

凡·高自幼性格孤僻，爱走极端。他喜欢幻想，却总有些不切合实际。这使得他在生活中屡屡受挫。当他投身于绘画事业后，便将心中的激情通过画笔宣泄在画布上。浓重的色彩对比，在凡·高的画作中往往达到极限。加上他旋转、跳跃的笔触，往往使画中的麦田、星空等如火焰一般升腾颤动。从色彩和笔触的交融中，我们不难窥探出凡·高纠结、痛苦的内心。他无法将这

图 1.2　荷兰后印象派画家凡·高

种痛苦完全倾泻在画布上，只好累积在自己的内心当中。

1890 年，面对越来越深重的痛苦，凡·高再也无法承受，在麦田里开枪自杀了。情商的缺陷是这位画家英年早逝的重要原因之一。毕加索比凡·高晚出生 28 年，他们从小都显示出非凡的艺术才能，但两人的命运却极大的不同。在这种差别中，情商扮演了极为重要的角色。

14 岁时，毕加索在巴塞罗那接受了新艺术和新思想的影响，又目睹了西班牙殖民地战争失败后人民的悲惨生活。双重刺激在他的潜意识里种下了忧郁的种子。23 岁时，毕加索来到巴黎，定居在流浪艺术家的会聚之处。他开始享受甜蜜爱情的滋润，悲伤和忧郁随之消散，他的画作洋溢着幸福的温存和情感有所归属的喜悦。

第二次世界大战时，毕加索目睹了法西斯在西班牙的暴虐行径，愤怒、恐惧、抑郁等多种负面情绪在胸中郁积。然而，他并没有因此而心理扭曲，而是将这种复杂的情感通过绘画抒发出来，著名画作《格尔尼卡》《和平鸽》等应运而生。豁达的人生态度使得他一生中不断转变画风，不断创作出更多更好的作品。毕加索还喜欢体育运动。年轻时，他常常一个人背着画板，带着画笔，到大自然中写生，一边欣赏美景，一边搜集创作素材。年老时，他坚持做体操和日光浴，饭后还要去公园散步。他还创作了一套别开生面的斗牛舞，工作之余和妻子儿女一起表演。这既给生活增添了乐趣，又锻炼了身体，放松了情绪。

图1.3　西班牙画家、雕塑家毕加索

高情商使毕加索得以长寿。他是有史以来第一位活着亲眼看到自己的作品被收藏进罗浮宫的画家。1999 年 12 月，在法国一家报纸进行的民意调查中，他以 40% 的选票排在 "20 世纪最伟大的十位画家" 之首。

　　高情商者可以对自己做出适当的评价，不因外界的影响而迷失自我，在受到挫折时能重整旗鼓，并能不断提高自身的心理素质，从不怨天尤人或悲观失望。而有些"天才"虽在某一方面造诣精深、表现杰出，但在其他方面，如生活能力或者情绪的控制上，则往往不可思议地表现出相当的"低能"与古怪。因此，他们尽管事业辉煌，他们的人生却无法真正获得完满和幸福。

　　多年以来，人们一直以为高智商等于高成就，但心理学研究表明，智商与成功只在一定程度上相关，一旦智商超过120，更高的智商并不能同比转化为更多的优势。IQ学派教旨主义者亚瑟·詹森表示："并不是说智商115分和150分，或是150分和180分的人之间没有差别，但在这个级别上智商差异发挥的作用远比不上非智力因素差异发挥的作用，这和普通人的感觉相去甚远，个性与性格在这里发挥了更重要的作用。"

　　在职场上流行着这样一句话："智商决定录用，情商决定提升。"这就是说，智商决定一个人的职业，情商则决定一个人能否在职业生涯中实现自己的人生目标。影响一个人成功与否的两大因素包括智力因素和非智力因素，二者缺一不可。而且主导我们行动和激发人的潜能的主要动因不是智商而是情商。比如，进行一项重大的科学实验，除了智力因素，还必须高度集中精力，有高度的责任心，有极稳定的心理素质，还需要具有面对失败的勇气，具备坚持不懈的意志品质等。这些与情商有关的因素，是进行高智商活动的必要保证，也是一个人成长的阶梯。

二、全脑开发提升智商

1. 全脑开发的理念

科学研究表明，人的大脑就像一个核桃仁，分为左半球和右半球。左脑是人的"本生脑"，记载着人出生以来的知识，管的是近期的和即时的信息，一般具有语言、概念、数字、分析、逻辑推理等功能；右脑则是人的"祖先脑"，储存着从古至今人类进化过程中的遗传因子的全部信息，具有音乐、绘画、空间几何、想象等功能。

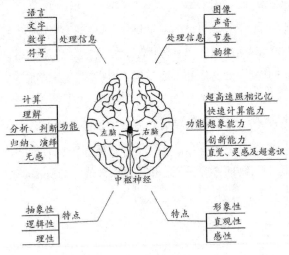

图 1.4　全脑开发

众所周知，人的大脑蕴藏着极大的潜能，这种潜能至今还"沉睡"着。普通人一生只开发了大脑潜能的一小部分，所以深入挖掘大脑的智能区非常有价值。

科学研究证实，人的大脑有如下优势：

（1）超强的计算能力。人的每个脑细胞可生长出2万个树枝状的树突，用来计算信息。其能力远远超过世界上最强大的计算机。

（2）巨大的储存能力。人脑可储存50亿本书的信息。相当于世界上藏书最多的美国国会图书馆（约1000万册）的500倍。

（3）飞快的信息处理能力。人脑神经细胞间每秒可完成信息传递和交换次数达1000亿次。

（4）神奇的记忆能力。处于激活状态下的人脑，每天可以记住4本书的全部内容。

所谓全脑开发，就是将上述优势最大可能地调动起来，这就需要同时开发左脑和右脑。虽然我们的每一个动作都是左右脑同时协作完成的，但一般来说，传统的教育教学方法，偏重于书写、阅读、计算、死记硬背和理解思维，这些活动多集中于大脑左半球，故而左脑越用越熟练，而右脑的开发则相对缓慢。

但人脑的大部分记忆，是将情景以模糊的图像存入右脑，就如同摄录机的工作原理一样，信息以某种图画、形象像电影胶片似的录入右脑。而右脑有4项功能：（1）ESP能力：超意识能力，不需要靠一般的感觉器官，而是靠细胞、波动来感觉，所以能感应到宇宙的信息。（2）图像化机能：看过、听过的事物可借由意向显现。（3）超高速自动演算机能：是一种高速大量的计算能力，儿童能算出多位数乘法，就因为右脑天生有这样的能力。

（4）共振共鸣机能：不需要通过严谨的五线谱练习，只要经过右脑开发训练，脑海里尽量去想画面，就可以流利地演奏音乐。

哈佛大学主张把右脑训练用在教育上，以图像、联想、配对等方法增进智能。右脑已开发的学生吸收能力强，学习就变得轻松。受过右脑训练的学生，一般智商较高，平均介于 120 和 140 之间，也具有以下特点：

（1）看到图像，就像摄像机一般引入脑中。

（2）文字及数字、符号，可用影像方式记入脑海，具有逆向推算能力。

（3）直觉能力超强，有独特的创造力。

（4）具有速读能力。

根据美国加州大学的罗伯特·奥斯坦教授的研究发现，当左右脑均衡思考时，大脑功能将达到一般思考的 5 至 10 倍，往往这个时候，很容易产生绝妙的创意。

开发右脑并不是非要用什么特殊的图表和书籍，有时候我们也可以用简便的方法去练习开发右脑。比如：

（1）冥想。

选一个舒适安全的环境，调整呼吸，排除干扰，使大脑处于空白状态。这种脱离琐事缠绕让意识任意遨游的状态，可以不受大脑功利心和得失心的影响，让你拥有单独使用右脑的时间。当你结束这种冥想状态时，你的大脑、你的情绪都处在最佳状态。

（2）记忆游戏。

把连在一起的多张图画通过想象、联想的方法加以记忆。可以先从 3 张图画卡片开始训练，一张下雨的卡片、一张螃蟹的卡片和一张帽子的卡片，可以想象成"下雨的时候，螃蟹戴着帽子出去玩"。以这种方法能够记住的卡片张数，从 3 张开始逐渐增加，最后到几十张甚至 100 张。经过一段时间的训练之后，你会发现不可思议的事情，就是再也不需要文字衔接，即使是 100 张卡片，光是翻开卡片看过之后盖起来，也能够正确说出这 100 张卡片是什么样的。换言之，说明此时你已经拥有超强的记忆力，而且你的速读能力也得到提高。

在这里需要强调的是，人类的左右两脑在任何时候都是协同作战的。上面提出的右脑开发训练，是相对于传统教育方法偏重左脑思维而做出的一种微小调整。我们的目的是全脑均衡发展，提高智力。

2. 强化观察力训练

观察力训练实际上就是强化眼睛的视觉影像，以"右脑潜意识处理所有资讯，左脑有意识处理所有资讯"这一原理为基础，增加左右脑处理资讯的数量。其目的是锻炼双眼以捕捉更多的细节。观察得越细致，记忆就越清晰生动。主要方法有：

（1）静视。寻找一样东西，如表、笔、台灯、椅子或花草，距离约 60 厘米，平视前方，自然眨眼，集中注意力注视这一物体。默数 60 ～ 90 下，然后闭上眼睛，努力在脑海中勾勒出该物体的形象，应尽可能地加以详细描述，最好用文字将其特征描述出来。重新细看一遍，如果有错，加以补充。刚开始可以选择简单的物体，逐渐转到复杂的物体上。

（2）行视。边走边看。以中等速度穿过你的房间，或者绕着房间走一圈，迅速留意尽可能多的物体；或到一个陌生的地方，边走边观察周围的景物。之后通过回想，把你所看到的尽可能详细地描述（口头、文字）出来，然后对照补充。生活中可观察的东西很多，训练可以由简单到复杂，物体由少到多，逐步加深。比如，看到马路上疾驶的汽车的车牌号，回想其字母、号码；观察一位陌生行人，回想其面孔、身材特征、穿着打扮。然后闭上眼睛全面地回想，再睁开眼睛，尽可能地对照实物，校正你头脑里的印象。这样不仅可以有效锻炼视觉的灵敏度，锻炼视觉和大脑在瞬间强烈的注意力，而且可以使你更加聪慧。

（3）抛视。选一些颜色不同的东西，如 25～30 个大小适中的彩色圆球、积木、跳棋子，将它们完全混合在一起，放在盒子里。用两只手迅速抓起两把，抛在桌面或地上。当它们全部落下后，迅速看一眼这些落下的物体，然后转过身去，将每种物体颜色的数目凭记忆写下来，并检查是否正确。这样的练习可以反复做，看看你的准确度是不是在不断提高。

（4）统视。就是对整体布局、方位等进行观察。注意力完全集中，注视正前方，观察你视野中的所有物体，但眼珠不可以有一点儿转动。坚持 10 秒钟后，回想所看到的东西，凭借你的记忆，将所能想起来的物体状貌（形状、颜色、大小）及方位等写下来。此法又称为"整体感知"。

3. 学会集中注意力

既放松又警醒，这是一种能发挥头脑最大潜力的特别状态。

20 世纪 60 年代，保加利亚精神病学和心理疗法教授乔治·罗佐诺夫博士首次确认了这种结合态。他通过观察发现，人应该保持足够的警醒来唤醒大脑，使其保持活跃，同时还要十分放松，维持在既不会太不安也不会太紧张的状态。简言之，当需要集中精力的时候，你能够迅速集中。

　　注意力，指一个人专注于某一事物或活动时的心理状态。一份国内调查报告表明，大部分中国孩子入学后存在注意力不集中的问题，并导致各种学习问题。意大利教育家蒙台梭利说过，孩子成长中最重要、最基本的就是注意力集中。

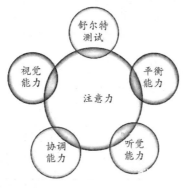

图 1.5　注意力示意图

　　美国作家尼古拉斯·卡尔在他的著作中写道："互联网正在切除我专心和沉思的能力，我的大脑现在期望像网络散布信息那样获取信息——迅速移动的粒子流。以前我像潜水员一样潜入语词的海洋，现在我像是驾驶着水上摩托艇在语词之海的表面飞速移动。"为了顺应信息"粒子流"，我们的思维也浮在"粒子流"上跳跃、流动，使知识学习如蜻蜓点水、走马观花、浅尝辄止。因此，要想高效学习，真正深入地获取知识，训练注意力就显得十分必要，也十分重要。

　　（1）杂念清理与过滤信息。每次当你想要集中精力学习时，总有一些念念不忘的事令你分心，这时候，请你拿出一张纸，将这些"杂念"写在纸张的中心位置。如有人欠钱没还、输了一次球、手机坏了、有朋友明天过生日……所有与学习无关的事都是杂念，无论事情大小、有无意义。将这些事情排列出来，分析一下，哪些需要及时处理，哪些可以稍缓，哪些能处理好，哪些无法处理。考虑好后将事情排出顺序，定好处理时间，再来看书学习，体会一下精力是否会集中一些。我们之所以会对微信上瘾，热衷于新闻八卦，迫切想玩玩新款游戏，是因为人的好奇心会被未知与新鲜的事物所吸引，这是人的天性，别妄想与天性做斗争，你只能避开。当然彻底避开网络是办不到的，你可将网络上的信息分类，过滤一些毫无意义的东西，每天固定某段时间来看你最想看的东西。

（2）营造和选择环境。学习时最好自己单独在一个房间，房间内部物品摆放要整齐有序，不要有吸引眼球的物品，如食品、色彩艳丽的装饰品等；光线要适中，既不能刺眼也不能暗淡；周围环境要安静，减少电视、音响等带来的干扰，否则会令人心烦意乱，根本无法专心学习。

（3）舒尔特方格训练法。舒尔特方格是在一张方形卡片上画上 1 厘米 ×1 厘米的 25 个方格，格子内任意填写阿拉伯数字 1～25。训练时，用手指按 1～25 的顺序依次指出其位置，同时读出声，记录所用时间。所用时间越短，注意力水平越高。舒尔特方格可以通过动态的练习锻炼视神经末梢，培养注意力集中、分配和控制能力；拓展视幅；加快视频；提高视觉的稳定性、辨别力和定向搜索能力。舒尔特方格是全世界较为简单、较为有效，也是较为科学的注意力训练方法之一。寻找目标数字时，注意力是需要极度集中的，将这一过程反复练习，大脑集中注意力的功能就会不断加强、提高，注意力水平就会越来越高。

研究表明，当你集中注意力时，大脑中处理信息的部分会变得特别活跃。这就像在头上戴了矿灯，光束集中在你想看到的地方，这样无论你做什么，都能事半功倍。

不过，注意力集中的时间是有限的，这是由我们的脑结构决定的，因此我们要合理分配注意力。

首先，应学好中学的各门课程，这是全面发展的基础。

其次，在全面发展的基础上，可根据个人的爱好、特长和兴趣，重点发展某一方面的才能，更要在自己较弱的科目上加重训练，总之，可根据各人特殊情况灵活安排。

小到一堂课，一个听课环节，也存在着注意力分配的问题。例如，课上听讲，要跟上老师的思路，抓住重点，同时要记好笔记，还要积极思考和发现新问题，这几方面都要兼顾。如果实在无法兼顾，宁可专心地听老师讲课，至于笔记，可课下向其他同学借来补上。

另外，课外文体活动、阅读和科技活动也要适当分配一定的注意力。注意力分配合理，才能在宏观上把握自己。

三、情商的基础训练

列宁说过："没有人的情感，就从来没有也不可能有对于真理的追求。"一个人的求知欲望、探索精神、学习兴趣，都伴有强烈的情感体验，使人乐而为之。我们研究情商的意义也在于此。

1. 自我认知能力

自我认知包括认知自己的价值观、人生方向和目标，认知自己的性格特征，觉察自我情绪的变化及原因等。高情商的一个重要标志就是能习惯性地觉察自我情绪的变化，判断情绪的影响，并根据环境条件积极主动地调适自己的心理，做出合适的行为反应。

心理学家认为，人类具有4种基本情绪：快乐、愤怒、恐惧和悲哀。它们可以派生出众多复杂的情绪，如兴奋、惊奇、痛苦、厌恶、愉快、悲伤、害羞、轻蔑、自卑等。了解自己的情绪，帮助自己迅速化解不良感觉，是我们进行情绪管理的第一步。同时，随着自身觉察能力的增加，我们更能了解互动者的情绪。

了解自己的情绪并不难，难在分析情绪产生的原因。①诱发事件；②所持观念；③事件可能导致的结果。所谓当局者迷，把这3方面的问题搞清楚是困难的。正如老子所说："知人者智，自知者明。"自我觉察是情绪智力的核心能力，即当自己的某种情绪刚一出现时便能够察觉。一个人所具备的、能够监控自己的情绪以及对经常变化的情绪状态的直觉，是自我理解和心理领悟力的基础。

在了解情绪之后，我们要做的就是管理情绪。情绪心理疗法的创始人艾利斯认为，并不是事情本身引起了情绪，而是我们对事情的看法引起了情绪。他指出，要管理好情绪，首先应该从改变自己的认知入手。

第一步，当情绪出现的时候，问问自己"发生了什么事情"（如何看这件事），"激发了我什么情绪反应"（当前的情绪状态），"我为什么会有这样的情绪反应"（原因是什么）。

第二步，认识到自己情感上的需要，分析每一种情绪背后对应的需求是否被满足。

第三步，寻求有效办法，如通过情绪记录、反思、运动、冥想、音乐等方式释放并改变情绪。其中，情绪记录的可操作性较强，就是有意识地留意自己情绪变化的过程，可以用情绪类型、时间、地点、环境、人物、过程、原因、影响等元素为自己列一个情绪记录表，连续记录自己的情绪状况。过些日子回过头来看看记录，定会对自己有新的认识。

认识自己是比较困难的，而改变自己的认知则困难度更高。现在很多青少年比较孤单、忧郁、任性、好动、焦虑、冲动，如果一个人不具有对情绪的自我觉察能力，也没有正确的自我认知的话，就容易被自己的情绪随意摆布，以至于做出许多遗憾和后悔的事情来。伟大的哲学家苏格拉底的一句"认识你自己"，其

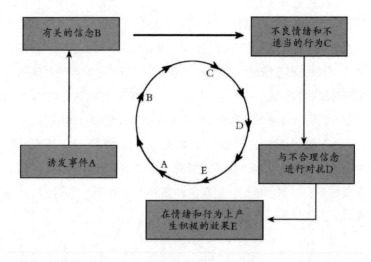

图 1.6　不良情绪自我疗法示意图

实道出了情绪智力的核心与实质。

认识并把握自己的情绪，便能指导自己，从而主宰自己的人生。

2. 自我调控能力

当我们对自己的情绪有了认知后，更要控制自己的情绪。这时我们就需要培养情绪的自我调控能力。情绪的自我调控能力是指控制自己的情绪活动以及抑制情绪冲动的能力，即一个人如何有效地摆脱焦虑、沮丧、激动、愤怒或烦恼等因为失败或不顺利而产生的消极情绪的能力。其目标是在较强刺激、诱惑情境中，表情和语言能够自然；在受到有意挑衅甚至有意侮辱的场合，能够保持冷静；为了长远或更高目标，能够抑制自己当前的欲望。

1960 年，心理学家瓦特·米歇尔做过一个软糖实验。他在斯坦福大学的幼儿园召集了一群 4 岁的小孩。在一个陈设简陋的房间里，他发给每个人一块非常好吃的软糖，然后对他们说："小朋友们，老师要出去一会儿，你们面前的软糖不要吃。如果谁控制住自己不吃这块软糖，老师回来后会再奖励他一块软糖。如果谁吃了它，我就不再给他了。"老师交代完便走到外面窥视室内的情况。

孩子们在非常自由的环境里立刻呈现出不同的表现：一会儿，有的孩子就忍不住把软糖吃了；有几个孩子既想吃又想等，你看看我，我看看你，不停地咽口水，忍了半天没忍住，还是把软糖吃了；只有两个孩子心里有一个坚定的想法，一定要再得到一块软糖。他们一个扳着手指头数数，不去看那块糖；一个把脑袋放在手臂上，排除干扰，努力使自己睡觉。

米歇尔问那两个得到两块软糖的孩子："你们为什么能够坚持不把那块软糖吃掉呢？"

一个孩子回答说："我心里想，要得到两块糖，就一定要管住自己。"另一个孩子回答："忍耐很难受，但我得到的快乐也比他们多。"

这个实验一直持续了 10 多年，直到这群孩子上高中。那两个最后吃到两块软糖的孩子的表现一直比较好，不仅学习成绩好，合作精神也比较好，并且很有毅力。

在这里，我们关注的不是他们日后的表现，而是他们控制自己的方法。只要决心自我控制，就一定有方法。专家们给出了以下几种方法：

（1）注意力转移。一般情况下，能对自己的情绪产生强烈刺激的事情，通常都与自己的切身利益相关，难以自控。但是，我们可以转移注意力焦点，选择做自己比较感兴趣的事情，如听听音乐、跳跳舞、看看电影或做其他的娱乐活动，改变环境，尝试放松自己。

（2）自我调节。发泄（在一个合适的场合狂叫或痛哭）、向人倾诉、剧烈运动、听音乐，都是非常有效的调节方式，能将不良情绪的能量释放出去。比如，当你发怒时，做做体力活，或者跑一圈，这样就能把因盛怒而激发的能量释放出来，从而使心情平静下来。在你过度痛苦时，不妨大哭一场，或大笑几声，这些都是释放能量、调节机体平衡的有效方式。

（3）理智控制。通过理智思考，把自己的消极情绪引向积极的方向，化被动为主动，化悲痛为力量，化绝望为希望，化阻力为动力，这不仅能转化负面情绪，还能使自己的情感得到升华。

（4）心理暗示。语言是一个人情绪体验强有力的表现工具。通过语言可以引发或抑制情绪反应，即使不说出口也能起到调节作用，这就是心理暗示。比如，你在发怒时，可以暗示自己"不要发怒""发怒会把事情搞砸"；陷入忧愁时，提醒自己"发愁没有用，于事无补，还是面对现实，想想办法吧"。时常进行这种自我暗示，对情绪的好转大有益处。

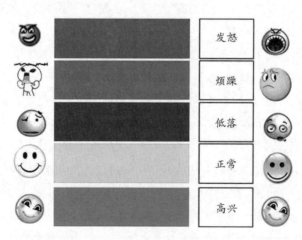

图 1.7　情绪自我管理图

3. 自我激励能力

所谓自我激励，就是通过激发人的行为动机，使人处于一种兴奋状态。这种状态不仅能够使我们充满激情地面对学习和工作，迎接挑战，而且可以让我们挖掘自身的潜能。

1991 年，一位名叫坎贝尔的女子徒步穿越非洲，当有人问她为什么能完成这令人难以想象的壮举时，她回答说："因为我说过'我能'。"问她对谁说过这句话，她的回答是："对自己说过。"

专家建议，自我激励可以从以下几个方面入手：

调整目标，使目标具体化、清晰化，并告诫自己一定能做到；

离开舒适区，严格要求自己，不断地挑战自我；

保持积极乐观的心态，远离那些消极、懒惰的朋友；

保持好奇心，不怕犯错；

战胜内心的恐惧，不畏惧一切挑战；

保持身心健康，塑造全新的自我形象。

美国前总统罗斯福小时候智力一般，而且被认为是一个怯懦的孩子，脸上总带着一副受到惊吓的表情，背诵课文时双腿发抖、嘴唇颤动，回答问题时含混不清。然而，他在求学路上毫不气馁，在家庭教师的帮助下，刻苦学习了多种语言，考入了著名的哈佛大学。他虽然在大学里没有取得特别出色的成绩，却慢慢克服了自己的缺点，为进入政界打下了基础。

1921 年，罗斯福患上了脊髓灰质炎，终身丧失行走能力。这对事业刚起步的罗斯福来说，无疑是一次沉重的打击，但他并没有一蹶不振。他激励自己坚持不懈地进行康复训练，将疗养之地佐治亚温泉变成了"笑声震天的地方"。7 年后，罗斯福虽未能恢复健康，却坐着轮椅走进了白宫，并成为美国唯一一个连任4届的总统。

古人云："君子所取者远，则必有所恃；所就者大，则必有所忍。"一个人只有把眼光放远，才会有宽阔的胸怀和豁达的气度，才能激励自己不断向目标奋进。

4. 移情能力

移情能力是设身处地理解他人感受的一种能力。移情，也叫同理心，即站在他人的角度，感受他人的情绪，认识他人的情感需求，并积极关心他人，尽己所能满足他人的需求。旅美学者方绍伟对移情思维的定义是："我希望如此，所以他也一定希望如此。"

移情是一种社会行为。比如，与人为善、合群乐群、尊重、理解、帮助、分享、合作、安慰、捐赠、互助、同情、关心、谦让、赞美等。

英国的温莎公爵是一位风流倜傥的社交高手，善解人意，具有温文尔雅的绅士风度。有一天，刚成为英联邦成员的印度的各大部落首领前来拜见英国王室。为了缔结友谊，实现英国在印度的稳定统治，英王室决定举行一个盛大的宴会，当时还是王位继承人的温莎公爵奉命主持这次宴会。席间，宾主觥筹交错，气氛热烈。可在宴会即将结束的时候，发生了一件意想不到的事：餐厅服务员为每位客人端来了洗手水，印度人以为这是给客人的茶水，便纷纷端起来一饮而尽。此情此景令在座陪客的英国贵族们目瞪口呆，不知道如何是好。这时，只见温莎公爵不动声色地一边与客人交谈，一边端起他面前的洗手水自然大方地一饮而尽。贵族们自然不敢怠慢，都若无其事地将自己的洗手水喝完了。一场看似不可避免的尴尬场面就这样被温莎公爵巧妙而得体地化解了。

　　人人都有自尊心，温莎公爵正是懂得这一点，才做出异常之举，这也是一种移情能力。美国心理学家普拉捷克说，移情能力强的人，看到别人踩到尖东西，他会不由自主地喊"哎哟"，好像他自己踩到一样。

　　培养良好的移情能力，应该注意以下几点：

　　其一，要善解人意。移情能力表现为理解他人，识别他人的表情和言行，理解他人的情感，感知他人的痛苦。我们常常希望朋友理解我们，而朋友又何尝不需要理解。因此，无论何时何地，你都应该向对方传达你的理解，"我知道你的感觉"或者"我很理解你的心情"，请把这些话记在心里并时刻运用吧！

　　其二，要富有同情心。对别人遇到的麻烦、不快及意外要给予真诚的关心，而不是视而不见、麻木不仁甚至幸灾乐祸。当然需要注意的是，同情心是一种爱，一种友谊，一种平等的关系，而非居高临下地施与。

　　其三，乐意帮助别人。物理学家吴健雄在成名之后，曾给胡适写过一封信。在信中，吴健雄回忆了一桩胡适早就忘记的往事，在她毫无成就之时，胡适的一次演讲给了她鼓励，使她坚持了自己的信念，最终实现了人生目标。胡适在回信中写道："我一生到处撒花种子，即使绝大多数都撒在石头上了，其中有一粒撒在膏腴的土地里，长出了一个吴健雄，我也可以百分快慰了。"帮助别人，能让自己感受到"百分快慰"，何乐而不为！

　　其四，给人以激励和赞美。"激励"就是"向别人提供积极性或以积极性影响别人"。获得赞美是人的一种心理需求。我们应该学会赏识、赞美他人，努力去挖掘他人的闪光点。同是一棵树，有的人看到的是满树的郁郁葱葱，有的人却只看到树梢上的毛毛虫。为什么同样一个事物会产生两种截然不同的结果呢？原因就在于有的人懂得赏识、赞美，而有的人只会用挑剔、指责的眼光看待事物。

其五，学会换位思考。如果你与他人在学习和生活中因为某件事发生了冲突，不妨先冷静一下，设想如果自己处于那个位置，会是什么样的感觉，先了解自己的感受，才能更好地了解别人的感受。如果你能做得很好，就会赢得他人的信赖。

这里所讲的人际关系，是侧重于心理学意义上的，指善于调节与控制他人的情绪反应，并能够使他人产生自己所期待的反应。在社会生活中，每个人都会与社会发生广泛的联系，因此，与人打交道是一项不可或缺的能力。人际关系的一个基本定理就是情绪的相互感染。人们在交往中，彼此传输和捕捉情绪信息，并汇聚成心灵世界的潜流，通过这股潜流的涌动来感染并影响对方的情绪。

处理好人际关系，是一个人被社会接纳与受欢迎的基础。在这个过程中，重要的是能否正确地向他人展示自己的情绪情感。世间最复杂的莫过于人心，所以我们在进行人际交往时也要慎重，怎样把自己的意思正确传达给对方，以及怎样正确理解对方的想法，这些都是与人交往的关键。那么，我们应如何建立良好的人际关系呢？

（1）文明礼貌，互相尊重。在与人打交道时，要懂得尊重他人，与他人平等交往，和谐相处。应不骄傲、不拘束、不较真，举止文明，彬彬有礼。比如，见到人要主动打招呼，别人跟你打招呼时要礼貌回应等。

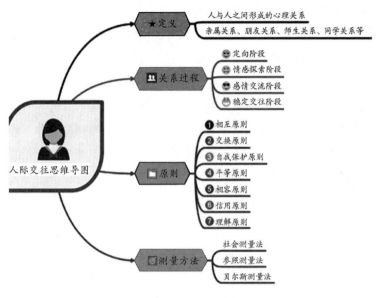

图 1.8　人际交往思维导图

（2）真诚待人，讲究信用。如果你想赢得人心，首先要让他人相信你是值得信赖的朋友。人们与守信用的人交往有一种安全感，而与言而无信的人交往则充满焦虑和怀疑。因此在人际交往中，你要真诚待人、诚实无欺、信守诺言，如借了别人的东西要及时归还，犯了错要勇于承认，答应了别人的请求就一定要想方设法做到做好，从而取得他人的信任。

（3）宽容大度，不拘小节。不要与人争论不休，天下只有一种方法能得到辩论的最大利益——避免争论。人际交往中经常会发生矛盾，有的是因为认识水平不同，有的是因为性格脾气不同，也有的是因为习惯爱好不同，等等，相互之间会造成一定的误会。应多站在别人的角度去思考问题，双方如果能以宽容的态度对待彼此，就可以避免很多冲突。

（4）欣赏他人，不吝赞美。欣赏他人是一种虚心学习他人的长处，勇于克服自己的短处，虚怀若谷的较高思想境界。一般来说，往往容易做到指出别人的缺点或批评别人，而欣赏和赞美别人却难以开口。欣赏和赞美他人的前提是要多看他人的优点和长处，抱着真诚地向他人学习的态度，要懂得"尺有所短，寸有所长"，任何人都有值得自己学习的地方，这样就不难发现别人的优点和长处。欣赏和赞美他人将会在人与人之间形成良性互动，使我们的社会和工作环境更温馨。

（5）给人面子，留有余地。在人际交往中，给他人留面子就是对他人的尊重。其实为他人留面子的同时，也是为自己留余地。比如，有人在众人面前说错了话，最好不要当面指出，而应该在私下用他易于接受的方式进行沟通。当我们处事待人时，始终应当谨记"保全他人面子，给他人留有余地"。

（6）察言观色，善解人意。在人际交往中，我们常常会遇到性格各异、志趣不同的人，而这些人喜欢听的话、喜欢做的事是不一样的。比如，对性格活泼、开朗的人，我们可以比较随意地开玩笑，但是对性格内向、敏感的人，交谈的时候则需要把握分寸；对性格耿直的人，我们可以对他们直言不讳，或许还会引起对方的共鸣，而对那些性格多疑的人，说话则要小心谨慎，避免引起对方的猜疑。在与人沟通时，除了沟通的内容，我们还可以从对方的声音，包括语音的轻重缓急、语调的抑扬顿挫，或者肢体语言，如面部表情、身体姿势等来判断他的心思。因此，在解读他人的心意时，重要的不仅是他说了些什么，而且要注意他是如何说的。

第二章
对智商的再认识

　　智商只是用一套标准的题目测试智力的一部分，是一张考卷的分数，它并不能完全代表一个人的智力。智力是比智商更大的范畴，学习力是智力的核心，思维力是智力的基础。学习力强，思路清楚，是智力高的标志，而学习力、思维力是可以靠后天的训练得到大幅度提升的。

一、天赋、智力与学习力

1. 天赋与智力

《最强大脑》节目播出后，也许很多人会有这样的疑问：他们挑战的项目及呈现出的表现是否真实？"天才"是否是天赋所致？普通人经过后天的努力能否达到他们的水平？

北京大学心理与认知科学学院教授魏坤琳针对天赋与智力的问题给出了全新的解读。

首先，智力的核心是学习力，包括形成概念和解决问题的能力。

约翰·纳什，数学家、诺贝尔奖得主，电影《美丽心灵》的人物原型。他 20 岁获得美国普林斯顿高等研究院的博士学位，并提出了划时代意义的"纳什均衡"博弈理论。

他突出展现的就是神经智力。它是以神经系统的有效性和准确性为主要衡量目标，受基因的影响非常大，天生的成分比较高，但同样离不开后天的努力。我们在第一章所提到的全脑开发理念，就是旨在通过后天训练提高人们的神经智力。

图 2.1 诺贝尔奖获得者约翰·纳什

小野二郎，日本美食家。5 岁的时候就开始做寿司，一直做了 75 年。他对做寿司的每一套程序都严格把控，比如章鱼要手工按摩 40 – 50 分钟，以便肉质更加鲜美。到现在，他把做寿司当做了一种艺术创作。经过后天长时间的练习，他成了行业内的顶尖专家。

他的经验智力非常突出。经验智力是在某一领域长时间的学习、长时间的经验积累、长时间形成的技能体系或知识体系支撑的能力。

在我们所认知的传统观念中，像"美食家""匠人"之类的在非科学领域的佼佼者的成功，似乎跟智力没有关系，但实际上，他们在长年累月的工作中逐渐建立了一套专业领域内的知识体系，能够建立这种体系，自然是智力的体现。否则，单看工作年限，岂不是每个从事一种工作多年的人都会成为领域内的"大神"，但事实并不是如此。

巴菲特，他靠自己的智慧挣到了世界上可能是最多的钱。他工作的特点是每天要做很多重大的决策，应该投多少资金到什么地方、什么时候投、什么时候撤出，这是比较高层次的决策。做这种决策的时候，不受得失心和短期利益波动的影响，更多的是理性的思考，这是非常高层次的能力，因为这和基本的人性相悖，需要各种知识以及意志力的支撑。

总结下来，社会上大体有 3 类聪明人：第一类是天赋的高智商；第二类是常年学习和工作经验养成的技能；第三类是理性的反省能力，即擅长做理性的思考。

这 3 类聪明人，在神经科学或心理学上，与之相对应的是 3 种智力，即神经智力、经验智力和反省智力，这个观点由哈佛大学教授戴维·珀金斯提出。

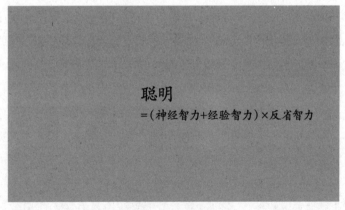

聪明
=(神经智力+经验智力)×反省智力

图 2.2　聪明的公式

智力的基础在神经智力和经验智力上，但反省智力相当于一个放大器。

魏坤琳把三种智力做了一个比喻，如果大脑是一个运算机器，电脑的硬件就是神经智力，软件是后天学习。你可以安装很多软件，那就是你的经验智力；反省智力相当于操作系统，它可以把你的硬件和软件的优势发挥到最大。

所以，天生和后天的关系在这 3 种智力中间，只有神经智力才受天生因素，也就是基因因素的影响。据专家测算，父母的平均智商和你的智商之间的相关系数是 0.42 左右，相当于不到 20% 的你的智力由你父母的平均智商来决定。至于其他智力，其实都非常受我们后天努力的影响。

为什么智商可以后天提高呢？

首先你要认识到：大脑有一个叫神经可塑性的性质，就是后天的努力和经验可以改变大脑。我们可以把大脑想成一块橡皮泥，后天的学习和经验就是在捏这块橡皮泥，想捏成什么样子就需要付出努力。但大脑的可塑性有一个特点，即年轻的时候大脑可塑性是最好的，成年后智商就基本稳定了。

提高智商的方法靠的无非是用心地学习和练习。

（1）分块大量地重复练习。我们在中考、高考之前，会针对所有考试内容分项目进行题海战术。这就属于分块大量的重复练习，我们在这样的练习中提升经验智力和反省智力。

（2）高度专注学习。如果不够专注，大脑就不会把这些信息存下来。相反，如果学习时够专注，各种信息在脑中汇聚，往往会有意外惊喜。

（3）获得持续有效的反馈。这个反馈可能是教育者（老师或家长）给你的反馈，不是简单的表扬，而是要告诉你哪个地方做对了哪个地方做错了，这才是持续有效的反馈。其实，我们也可以自己给自己反馈。比如，学英语，我们可以用手机或录音笔录下我们读或背诵的英语课文，然后反复听，从中找到发音不标准的地方。因为英语不是我们的母语，我们会在读英语的时候多多少少带有口音，读的时候听到的和用手机录下的，跟你想象的并不完全一样。或者当你觉得自己消化了某一项知识，就写一份知识点概要出来，而且要用自己的话写，绝对不要去抄写书中的原话，也不要刻意背诵。我们写知识点概要是给自己制造反馈，看自己是否真正掌握了这项知识，目的是加深对知识的理解以及运用。总之，持续有效的反馈，对我们的智力发展很有帮助。

学习和练习当然能大幅度地提高经验智力，也能提高反省智力，而反省智力往往是我们比较欠缺的。可以这样说，传统智商测试测到的主要是神经智力和经验智力。对于能够进入顶尖大学的学生来说，他们的神经智力、经验智力相差无几，差别在于反省智力。中科院院士施一公先生创办西湖大学看重这样的素质：时间的付出、方法论的改变、建立批判性思维，还有坚韧性和积极的态度。而批判性思维尤为重要，这就需要较高的反省智力。

大家要记住：我们的智力可以提高，尤其是在青春期，大脑的可塑性是非常高的。

2. 提高学习力的两种思维方法

智力是指人认识、理解客观事物并运用知识、经验等解决问题的能力，有一种理论认为，智力体现在学习力、洞察力和通灵力3个层次。学习力对应的是知识，洞察力对应的是智慧，通灵力（在特定状态下察觉内心的灵明觉悟之本性，也就是前文提到的ESP）对应的是灵觉。在这里，我们只谈针对青少年的学习力。

真正的学习求知不仅仅是记和背，还需要思考、描述、沟通、交流、感染、想象和体会等。用心理学家的话说，就是将概念依照自己的思路纳入自己的概念系统之中。只有用心体验的知识，才是自己的，才能称得上真正的知识。

我们书本中画线的重点、摘抄的笔记、反复阅读课本和集中记忆，其实都是浅层次的学习。它是非常机械的，就好像死记硬背，可以说是"阅后即焚"。

而耗费心血的学习才是深层次的学习，掌握知识单单理解还不够，要能清楚讲述出来，这才算达到深层次。通过深层次学习获取的知识会进入我们的长期记忆，不会轻易遗忘。

学习是个苦差事，需要消耗大量脑力。这就能解释为什么我们可以做一整天的家务等体力劳动，而写文章、计算数学题，几个小时就会让我们筋疲力尽，头晕脑涨，需要补充优质蛋白质等营养物质，出去转悠几圈呼吸新鲜空气来放松我们的大脑。

那么，我们究竟该如何提升自己的学习力呢？

第一种学习方法：以慢为快。

我们都清楚，这是一个讲求"快"的时代，可问题是你怎样才能快起来呢？看更多的书？学更多的课程？扪心自问下，你知道你真正学进去的有多少吗？量化的结果就是有没有给你的学习和生活带来实质性的变化，如果没有，那么都是浮于表面，不过是自我感动的勤奋。一味地追求快，反而让自己的思考越来越肤浅，所以我们必须要慢下来。

那是不是我们要咬文嚼字地去看书呢？那倒不是，我们要把慢功夫花在真问题上。

　　什么是真问题？就是那些知识阻塞的地方，书中的基本概念、对你有启发的观点，还有你一直弄不明白的地方。这就好比下水道，如果你只是不断地在表面清洁，就会收效甚微。

　　不要小看基本概念，所谓万丈高楼平地起，首先地基要打牢，不然台风或者地震到来，随时都有崩塌的风险。做选择题，纠结选哪一个，就是因为概念还没有牢牢掌握。做压轴题也都是由公式一步一步地推导出来，公式我都认识，可为什么用这个公式不用那个公式，他是怎么想到用这个公式的？这里面的内在逻辑我真的搞明白了吗？公式是在什么前提下适用的？这个公式是什么？它解决的问题是什么？公式为什么用在这道题上是可以的？这个公式与其他公式的相同点是什么？不同点又是什么？一个公式被你从多个角度拆解，其实就是在深度思考的情况下去打通知识之间的联系。

　　一个看似简单的公式，用非常严谨的句子去表达组成了基本概念，里面涉及的知识量是非常大的，如果你能弄明白，那么即使题目千变万化，你也不会混淆。因此，基本概念是一定要慢下来花时间好好琢磨的。

　　我们想要快速提高，努力的方向应该是花大力气打通那些知识阻塞的地方，而不是去追求看起来很花哨的新方法、新技巧。底层堵住不通了，新方法和新技巧学得再多，也都是表面上的花拳绣腿。

　　第二种学习方法：交替练习法。

　　小时候，我们大多数人都曾想要掌握某个特别的、冷门的或足以让自己鹤立鸡群的本领。也许是画好一匹马，弹奏一首吉他曲；也许是在控球的时候能让篮球"粘"在手上；也可能是跳好一支舞。做这种事情的时候，我们根本不需要什么说明书，只管闷头去做、反复练习，就像长辈们谆谆教导的那样：埋头苦干。

对重复练习的信念源于传统文化，几乎出现在任何一本教人"如何成功"的指导手册里、任何一位运动员或者商界达人的自传中。无论是体育教练还是音乐指导或是数学老师，几乎人人都会要求他们的学生练习再练习。我们在前面一节也提到，要提高智力，就要分块大量重复练习。

但研究发现，以各种方式打乱训练动作的单一重复，受训者的成绩最终定会超越集中单项训练所能获得的效果。

我们可以借助训练与比赛的对照来思考这一结果。在训练时，我们有一定的控制措施，如屏蔽或者躲开外界的干扰，在需要的时候让速度慢下来，还有最要紧的一点，我们可以事先决定需要练习的是哪一个动作、哪一种技巧、哪一个公式。也就是说，一切都在我们的掌控之中。但是，比赛的时候却完全是另一回事。相信你我都曾见识过在练习时毫无瑕疵、上场后却只能发挥出中等水平的朋友，也都曾见识过训练时磕磕绊绊，可到了关键时刻，如比赛、表演之时，却能在观众面前生龙活虎的孩子。

这个结论不仅适用于运动技巧的学习，也适用于描述性记忆方面的学习（课本知识的学习）。要从脑海里瞬间挖掘言语记忆，需要智力上的灵敏度，这比体力上的要求更高，而这种灵敏度是不可能通过重复训练以人们希望的速度培养出来的。

这里并不是说重复训练一无是处。我们都需要一定程度的重复来熟悉一个全新的动作技巧或学习材料。问题是一再重复能形成很强的错觉，让你以为新学的本领正迅速提高并达到一个稳定的高度。而交替练习却给人一种进步缓慢的表象，跟单一重复的效果似乎没法比，可实际上随着时间的累加，交替练习所累积起来的进步要比单一重复多得多。从长远来看，单一技巧的重复训练反而会阻碍我们进步。

"交替练习"的意思是在学习的时候，我们可以把既相关又不相同的题材混合到一起来学习，或者是把新的科目或技巧跟学过、练过但已经有一段时间没有复习的内容混合在一起。

这样能使我们更清楚地了解每一项内容之间的不同之处，更彻底地掌握好每一项内容，同时提高大脑的敏锐度。

比如，在学习数学时，把新的解题方式混合在其他学过的、熟悉的解法中一起练习，能够加深我们对这种新的解题方式的掌握。不同的题型掺杂到一起自然会迫使我们去辨识每一道题属于哪一种类型，然后逐一选择合适的解题方案去解答。

我们不但要学会分辨不同的锁头，还要学会用不同的钥匙去开不同的锁。

比如，区域地理知识的内容非常多，包括气候、水文、农业、工业、人口等，要完整清晰地记住并不容易。我们可以把各个大洲划分为不同的小区域，把每个小区域的知识要点整理出来，在第一次学过之后，一两天内复习一次，然后过一个星期再复习，过一个月再复习。这样经过分解与重复记忆，就能把区域地理知识搞定了。

表面看起来，以慢为快和交替练习似乎有点矛盾，但实际上二者是完全不同的。以慢为快强调对基础概念的熟稔，强调对一系列知识一个个加以熟悉、掌握，不出现模糊的地方；而交替练习，强调练习方法，如初中数学有代数和几何，与其今天练习20道几何题，明天练习20道代数题，不如混合练习，每天20道题中既有代数又有几何，这样更能提高大脑的应变能力，从而提高智力。另外，交替练习是在分块大量专项练习之后所做的练习。专项练习主要提升的是经验智力，而交替练习主要提升的是对复杂多变事物的敏捷度。

3. 阅读与智力的关系

阅读是将语言文字输入到大脑，大脑对文字进行分析和处理，进行逻辑推理和画面想象，进而理解这段文字。在这一过程中，学生的智力自然会提升。

首先，阅读有利于锻炼学生的语言表达能力。不管是口头语言表达还是书面语言表达，这些都需要学生动用大脑。当学生阅读后，大脑中有了新的信息和新的元素，在表达时，就会自动地将这些信息加以处理，从而使得表达更具艺术性。一篇文章中会有各种各样的表达方式，如各种修辞的运用等，这些都会丰富学生的大脑，增加学生的表达欲，而表达欲又会增强学生的智力和表现欲。当他们的智力和表现欲增强，就会更有兴趣和动力去学习，去表达，这无形中还对其情商的提高大有帮助。

其次，阅读有利于锻炼学生的逻辑推理能力。文章中的故事都是前后内容相关联的，当学生阅读时，需要根据故事的发展理解故事在讲什么内容，为什么有这个内容，这段内容与前面的内容有什么关联，故事中的人物为什么会这么做，他有哪些品质，从而锻炼他们的逻辑推理能力。

再次，阅读有利于锻炼学生的记忆力。阅读是锻炼记忆力的重要方式。学生在阅读文章时，需要对文章前面的情节进行有效的记忆，才能理解故事的主题。在与别人交流时，对故事的复述则是对记忆力又一次锻炼。记忆力和智力可以说是直接相关的。

最后，阅读有利于锻炼学生的想象力。在阅读时，学生会随着文字想象文字所表达的景色、人物、场景、事物、情节等。他们会在脑海中勾勒出和故事相契合的画面，当然这就需要充分发挥想象力。这是一个创新的时代，想象力对学生的未来有多重要，不言而喻。

教育家苏霍姆林斯基对青少年阅读做了很多研究，对阅读与学习能力的关系阐述得很多也很清晰。他说："30 年的经验使我深信，学生的智力发展取决于良好的阅读能力"，"谁不善于阅读，他就不善于思考"。

很多心理学家如皮亚杰、布鲁纳、奥苏贝尔等都认同以下两点：一是思维发展与语言系统的发育有密切关系，二是学习新知识依赖已有的智力背景。

"阅读"是一种以语言符号为媒介，包含丰富的、超越现实生活内容的活动，会让阅读者的"语言系统"发育得更好，同时可以让他的"智力背景"更为丰富，从而使他们的思维能力及学习新知识的能力更强。

阅读多的学生，学习能力强，当他有意识地主动去学习的时候，丰富的语言和智力背景就来帮忙了，较强的学习能力使他只要努力就会有成就感，这种成就感又能促使他更主动、更积极地去学习；而阅读少的学生，语言和智力背景的苍白使他的学习能力差，在越来越难的知识面前，在越来越多的竞争面前，他更多地体会到力不从心，挫折感越多就越不自信，对学习就越没有兴趣。

比如，数学中的应用题，通常会设置一些场景。阅读能力差的学生会因为看不懂题目，想象不出场景，而无法决定使用哪些公式。

我们前面提过，智力可以通过后天的学习和练习得到提高，但任何的学习和练习都离不开阅读。任何阅读都可增长一个人的见识，让他获得超越日常生活范围的知识，背景知识越丰富的人，越容易吸纳新知识。

一个人的智力水平与他的阅读量呈正相关。这一点，只要观察一下我们周围的人，或了解一下古今中外那些"聪明"的人，如大科学家、大思想家等就可得到验证。

苏霍姆林斯基说过："一个不阅读的孩子，就是一个学习上潜在的差生。"这是他在教学一线多年研究和观察后得出的一个重要结论。

培养学生的阅读兴趣是让其智力不单以加法增长，而是以乘法递增的最好、最简单的办法。如果他从小培养了阅读兴趣，在完成课业的同时不间断地读书，相信他一定不是一个综合成绩差的学生（虽然不排除有偏科的现象发生），他未来的人生远比别人更丰富。

现在是一个提倡终身学习、全民阅读的时代。阅读不仅对青少年很重要，对步入社会的成年人来说，同样不可或缺。阅读就像是无形的粮食，虽然感受不到它的存在，但可以融入人的血液，丰富人的精神，甚至给人以真切的工作动力。

成年人多阅读，同样可以提升智力，或许这种提升难以测算，但当成年人从阅读中看到别人的经历和体验，看到别人的思想，从而对自己有所启发的时候，就会适时调整自己的处世态度，甚至会提升自己的创造力和扩大事业版图的动力。而创造力或动力的提升，从广义上说，不也是一种智力的提升吗？

二、思维的过程即处理信息的过程

　　思维是人的高级认识活动，通过思维，人们可以透过现象看本质，掌握事物之间的规律性联系，并可以借助眼前事物了解其他事物，间接地预见和推知事物的发展。思维是一种人们看不见摸不着的大脑高级神经活动，它不像其他事物那样可以明显地表露出来。

　　根据研究表明，人在思维时，大脑会出现"神经细胞聚会"的奇妙现象。我们知道，大脑虽然有140亿个神经细胞，但它们之间的联系并不是杂乱无章的，而是有严密的组织和分工的。当大脑思考一个复杂的问题时，几千个细胞和某个功能区是难以胜任的，要靠大脑皮层许多相关的细胞和功能区一起积极地活动起来，形成几千万、几亿个神经细胞聚集在一起"开会沟通"，交换信息。这时，大脑神经系统的所有"通信网络"全部开通，使信息传递畅通无阻，记忆细胞源源不断地提供各种信息，这就是大脑思维的"神经细胞聚会"现象。

　　一般谈思维过程，总是要谈到分析、综合、比较、抽象、概括、判断和推理等，但这些思维看不出时间的线性存在，另外也太过于偏重抽象思维。今天我们来谈谈我们学习时的思维过程。

思维过程实质上是大脑处理信息的过程，一般分为 5 个步骤：

第一，获取阶段。获取就是信息进入你的眼睛和耳朵，阅读、课堂上记笔记以及个人的种种经历都是获取。获取阶段的目标是获取的信息要准确，信息量要尽量压缩。很多时候，这个过程看似简单，实际上随着学习的深入，会越来越难。因为每个人处理各种形式的信息的能力是不一样的（阅读或听讲都可以获取信息），这直接造成了学习力的高低。

第二，理解阶段。获取信息而不理解是没有任何价值的。在理解阶段，很多人理解了信息的表面意思就止步不前了。举个例子，你正在学习一个新的数学公式，至少你要知道公式里每个符号代表的是什么，然后才有可能应用公式来解决问题。如果你重复使用公式的次数足够多，就有可能记住它。但这仍然是不够的，你还需要了解这个公式是怎么得来的，它与其他公式的关系，以及怎样用它来解决应用题，再往远延伸，你还需要知道它可以解决外面世界的哪些问题。

在学习过程中，书本上的知识规律大多是从一个角度去概括、揭示的，而我们要做到真正理解书本上的知识，就要懂得变换多种角度，强化认知结构。例如，锐角三角形的意义是：三个角都是锐角的三角形叫作锐角三角形；可变式为：最大的内角是锐角的三角形。又如：最简分数的意义是：分子、分母是互质数的分数叫作最简分数；可变式为：分子、分母只有公约数 1 的分数叫作最简分数。

懂得这些知识的基本变式，我们才算理解了这些知识。

第三，拓展阶段。知识的学习从来就不是孤立的，学习任何知识（概念、定义、公式、问题、观念、理论等）都需要联系。学习本身就是一张网。

以"正比例"这一知识点为例，学生要建立完整的认知网络，还必须同横向相关联的另一部分知识"反比例"联系起来，区别异同，又要将这两部分知识与纵向相关联的"比例"这一整体概念联系起来。这样，学生才能获得比较完整的知识链条。

第四，纠错阶段。学习不可能不犯错误。学习新知识要依赖已有的知识背景，新知识与旧知识很可能会发生错误的联系，而错误的联系可能导致错误的理解。例如：学习异分母分数相加减时，学生容易将分子、分母分别相加减，纠错以后，学生会强化对异分母分数相加减要先通分这一知识。

第五，测试阶段。我们常常会发生丢失和误解知识的现象。测试可以让你了解弱点是什么，该如何改进它。很多学生对测试产生惧怕心理，但其实如果你能利用好测试，犯过的同类型的错误不犯第二次，我相信，你的学习成绩会得到飞速提高。

《怎样解题》是由美国著名数学家、数学教育家 G·波利亚所写的一部经久不衰的畅销书。他在书中按照这个思维过程，告诉我们如何轻松解题。

第一步，理解题目。

未知量是什么？已知数据是什么？条件是什么？条件充不充分？把条件分解成各个部分。

画张图。引入适当的符号。

第二步：找出已知数与未知量之间的联系。

把问题用自己的话重新讲一遍，找出已知数和未知量之间的联系和障碍。再想想以前用过的方法这次能否适用？需不需要引入辅助假设？

你用到所有的已知数据了吗？你是否利用了所有的条件？你是否考虑了包含在问题中的所有必要的概念？题目中所有关键的概念你都考虑到了吗？

如果你不能解决所提的题目，先尝试去解某道有关的题目。你能不能想到一道更容易着手解决的相关题目？

第三步，执行你的方案。

执行你的解题方案，检查每一步骤。

你能清楚地看出这个步骤是正确的吗？你能否证明它是正确的？

第四步，检查已经得到的解答。

你能检验这个论证吗？

你能以不同的方式推导这个结果吗？你能否将方法用于解决其他题目？

解题前的准备：

①知识准备：相关概念定义，以及曾经解过的题目、出题题型等。

②思维（方法）准备：该题目所涉及的解题技巧，用到的思维方法、数学思想等。

③解题信心意愿的准备：你是否有决心解决这个问题，你是否想解决这个问题，你是否相信你自己能解决这个问题……

下面以一个小学数学题为例。

人、狗、鸡、米过河，一次只能载两样，且由人划船，人不在时，狗吃鸡，鸡吃米，问如何过河？

第一步：你必须弄清问题。

①已知是什么？未知是什么？要确定未知数，条件是否充分？

已知船一次只能载两样，人不在时狗会吃鸡，鸡会吃米。

未知的是来回得走多少趟。

②画张图，将已知标上。

③引入适当的符号。

④把条件的各个部分分开。

第二步：找出已知与未知的联系。

①你能否转化成一个相似的、熟悉的问题？

这个题目就是如何避免狗吃鸡、鸡吃米的现象。

②你能否用自己的语言重新叙述这个问题？

在船每次只能载两样东西的限制条件下，如何避免狗吃鸡、鸡吃米？

③回到定义去。

重新定义题目。

④你能否解决问题的一部分？

⑤你是否利用了所有的条件？

第三步：写出你的想法。

①勇敢地写出你的方法。

可以先尝试一下，让人随便带一样东西到河对面，然后回来再看一下，会不会出现狗吃鸡、鸡吃米的现象。如果发生了，说明这样做是错的，那就及时调整思路。

②你能否说出你所写的每一步的理由？

这就是一种简单的试错，试错是为了纠错。

第四步：回顾。

①你能否一眼就看出结论？

②你能否用别的方法导出这个结论？

③你能否把这个题目或这种方法用于解决其他问题？

波利亚认为，这4步解题的过程必须反复练习，反复问答，把它内化为快速、自然的肌肉反应，才能达到最佳效果。当然，这必须经过艰苦锤炼才能有所成。

三、重构思维模式

思维模式，指人们观察、分析、解决问题的模式化、程式化的"心理结构"（或大脑智能结构），对个人乃至组织的行为起着至关重要的作用。传统和习惯让人们只有5%的"心"（头脑思维）是清醒的、有意识的，它们挣扎着对抗95%自动运行的潜意识"心"。一旦我们记住了一套行为，甚至牢记到使我们的"心"形成了惯性，就难以摆脱这种思维惯性。

图2.3 思维模式概念

举个例子，有位教授给学生出了这样一道考题：一个聋哑人到五金商店买钉子，先用左手捏着两个手指做持钉状，然后用右手做捶打状，售货员以为他要买锤子，但聋哑人摇摇头，指了指自己做持钉状的两个手指，售货员终于明白了，递上钉子。聋哑人高高兴兴地买到了自己想买的东西。这时候，又来了一位盲人顾客，他想买剪刀……教授说到这里，停顿了一下，提出问题：大家能否想一下，盲人如何用最简单的方法买到剪刀？

听过教授刚才的叙述，有个学生立即举手回答："很简单，只要伸出两个手指模仿剪刀剪东西就可以了。"对此，全班学生都表示同意。学生们之所以这样考虑问题，是因为前面有了成功的例子，他们的大脑中已形成思维定式。教授摇摇头，微笑着说："其实，盲人只要开口说一声就行了。因为盲人并非聋哑人，自己能说话，而如果用手指模仿剪刀剪东西，自己反倒看不见。"因此，一个人一旦形成思维定式，就会陷入思维的误区，爱钻牛角尖，最终走进死胡同。

所谓成功不可复制，我们不能通过模仿成功者的言行举止来获得成功，如果我们的思维方式是固化的、一成不变的，就很难处理新的环境、事物所传递出的信息，想获得成功，就要有创造性思维。因此，我们必须摆脱思维定式，不断更新大脑的思维系统，为自己重构新的思维模式。

这里所说的思维模式其实是一个动态概念。我们需要思考的东西包罗万象，思维的方法有成千上万种，不可能有一成不变的思维模式。左拉说："世上的一切问题，皆源自思维的问题。"世界极速变迁，使许多问题、危机及不确定性接踵而来，要想妥善应变，只有从根本上转变思维模式。重构思维模式意味着打破传统和不断创新，新的思维模式应该具有以下八大特征。

1. 开放性

开放性是指突破传统思维定式和狭隘思维，多视角、全方位地看待问题。传统思维把事物彼此割裂开并封闭起来，具有保守性、被动性和消极性。

有一个大学毕业生学过美术，后来在某机关从事管理工作。10多年间，他一直过着枯燥乏味的生活。有一天，他心血来潮，重新拿起画笔。他以前学过素描，基础相当好，作品曾获得专业人士的好评。他精心绘制了一套素描画，自以为画作一传到网上，就会立马成为"网红"，收获百万"粉丝"。然而，他的作品在网上登载后根本没人看。他颇有一种怀才不遇的感觉，愤愤不平地说："我这画怎么都比暴走漫画强吧？为什么暴走漫画那么受欢迎，而我的画根本没人看呢？难道网民都是弱智吗？"于是，有人告诉他什么叫开放式，什么叫参与感，大家为什么喜欢段子和吐槽……但他仍一口咬定：暴走漫画画风野生粗鄙，在他这个艺术家面前不值一提……

一个人成功的关键，就在于他的思维模式。在前进的过程中，最可怕的思维模式就是懒惰。倘若故步自封，活在过去的功劳中，陷入"温水煮青蛙"的舒适圈，最终只会被淘汰。因此，拥有怎样的思维模式，非常值得我们关注。我们所提倡的开放性思维强调开放大脑，对一切充满好奇心，具有冒险精神。

每当我们在学习和生活中遇到问题时，总要"想一想"，这种"想"，就是思维。它是通过分析、综合、概括、抽象、比较、具体化和系统化等一系列过程，对感性材料进行加工并转化为理性认识进而解决问题的。我们常说的概念、判断和推理就是思维的基本形式。小到学生的学习活动，大到人类的一切发明创造活动，都离不开思维，思维能力是智力的基础，培育高品质的思维能力是我们非常重要的学习任务。

2. 理解性

理解性即对接收的信息能深刻理解。这是指思维过程的"时空"应更多地倚重"理解"，因为只有理解力才是人类相对容易通过主观努力而获得的力量。一个人、一个民族的思维能力的高低，最关键的还是在其思维理解力及其发挥的水平。有较高的理解力相应地也会有较高的记忆力和创造力，也会有新发现、新发明、新创造的文明创新力。没有较高的理解力，记忆力会萎缩，创造力也会消失。思维主要在理解，因此理解的类型主导着思维的类型。

理解即对对象（问题）进行多层次、多阶段、多方面关系的分解，不仅求知其然，而且求知其所以然。理解也可分三大类型：思辨的（或抽象的、分析的、肯定的）理解、怀疑的（或具象的、类比的、功利的、否定的）理解、独断的（或想象的、感性的、直观的、情绪的）理解，即思辨型、怀疑型、独断型。

我们在上一节中讲到思维过程的"理解"阶段，强调的是对某一项单一的信息资料进行理解，而本节中的"理解性"强调的是我们对外界所有事物建构的思维模式，两者有本质的不同。

3. 敏捷性

敏捷性是指新建思维模式需具有一定的敏捷性，即思维活动的反应速度和熟练程度。其表现为思考问题时的快速灵活，善于迅速和准确地做出决定、解决问题。我们学生培养思维的敏捷性应注意：

（1）熟练掌握基础知识和基本技能，熟能生巧。

（2）课堂听讲要有超前思维，抢在老师讲解之前进行思考，把课堂接受知识的过程变成思维训练的活动。

（3）定时作业，有意识地在限定时间内完成学习任务。

4. 深刻性

深刻性是指思维活动的抽象和逻辑推理水平，表现为能深刻理解概念，周密分析问题，善于抓住事物的本质和规律。培养思维的深刻性时应注意：第一，追根究底，凡事都要问为什么，坚决摈弃死记硬背；第二，积极开展问题研究，撰写小论文，养成深钻细研的习惯。

5. 整体性

整体性是指新建思维系统是完整的，善于抓住问题的各个方面，又不忽视其重要细节的思维品质。考虑问题总是从整体出发，能够很好地处理整体与局部的关系。培养思维的整体性应注意：第一，站在系统的高度学习知识，注重知识的整体结构，经常进行知识总结；第二，寻找新旧知识间的联系与区别，挖掘共性，分离个性，在比较中学习新知识；第三，注重知识的纵横联系，在融会贯通中提炼知识，领悟其关键、核心和本质。

6. 创造性

创造性是指思维活动具备创造意识和创新精神，不墨守成规，求异求变，表现为创造性地提出问题和创造性地解决问题。创造性思维是一种新颖而有价值的、非结论性的、具有高度机动性和坚持性的思维活动，表现为打破惯常解决问题的程式，重新组合既定的感觉体验，探索规律，得出新思维成果的思维过程。

学生培养思维的创造性应注意：第一，加强学习的独立性，保持应有的好奇心；第二，增强问题意识，在课堂听讲和读书学习中，注意发现问题、提出问题；第三，注重思维的发散，在解题练习中进行多解多变。

此外，培养学生的创造能力需要良好的教育环境，包括有利于充分发挥学生创造能力的物质环境（如文物、挂图、有关资料等）以及促进学生创造智能发展的心理环境（如情绪、心境、兴趣等）。

7. 多元性

多元性思维也叫立体思维，是指在一定的时空中，从不同的视角全方位地观察事物，然后经大脑演绎归纳，比较解决问题的多种途径和方法，找出最佳者。曾有一位心理学家出过这样一道测验题：种四棵树，使每两棵树之间的距离都相等。受试的学生

图2.4　多元性思维

在纸上画了一个又一个几何图形：正方形、菱形、梯形、平行四边形……然而，无论什么四边形都不行。这时，心理学家公布了答案：其中一棵树可以种在高处，和其他三棵树不在同一平面。多元性思维要求人们跳出点、线、面的限制，有意识地从四面八方各个方向去考虑问题。

8. 指向性

人们的思维一般都是有目标的，即思维要取得什么样的结果。以中西方传统哲学思维的差异性来说，中国传统哲学，特别是儒家哲学，把思维的目标和重点锁定在论道上，尤其是论做人之道上，所以善，是其追求的首要目标。而西方哲学思维，从希腊第一批哲学家开始，就具有知识理性的传统。他们主要的思维兴趣在于求知，把探索对象的客观真理作为哲学思维的首要目标，这也是西方哲学与科学之间始终具有密切关联性的重要原因。在中西方哲学两种不同的思维传统中，前者以主体自身的内在心性和交互主体的行为交往为对象，通过向内反求，形成意象性思维；后者则以外部世界为目标形成对象性思维。可见，思维目标的差异造成了思维方法的区别。

世界变幻莫测，没有人能预知未来，如果建立了自己的真理坐标和价值坐标，并始终围绕目标思考问题，那么客观世界的变化就会以你为中心，各种困难也常常为你让路。反之，世界的变化就会把你引进迷宫，先是迷乱你的心智，然后将你逐渐客体化，让你迷失以前的目标和方向，进而失去自我。

四、大脑的缺陷

1. 人人都是认知吝啬鬼

大卫·赫尔曾说："人类大脑所遵循的准则是：能不用则不用，该用脑时也不用。"

所以很多时候，我们都有很多思维盲区，是认知方面的吝啬鬼。

不信的话，请看下面这道题：

球和球拍的总价是 1.1 美元，已知球拍比球贵 1 美元，请问球的价格是多少？

许多人会脱口而出那个即刻进入脑海的答案：0.1 美元，而不去仔细思考这个答案正确与否。试想，如果球的价格是 0.1 美元的话，那么球拍比球贵 1 美元，即 1.1 美元，球和球拍的总价则为 1.2 美元，而非题目中的 1.1 美元。只需稍作思考，即可知道 0.1 美元这个答案是错误的。

我们曾经以为，高智商群体在这一类问题上会表现得更优秀，其实，在没有明确告知需要考虑所有可能的情况下，高智商人群不假思索的可能性和普通人相差无几。在这道题的测试中，即使是就读于世界顶尖大学的学生，也常常会给出错误的答案，并且不假思索地开始做后面的题目，完全没有意识到自己因为使用了肤浅的信息加工方式而犯了错误。这一测试进一步证明，来自麻省理工学院、普林斯顿大学和哈佛大学的天之骄子，与研究中的普通人一样，都是认知吝啬鬼。

请再看一道题目：

两种不同的疾病，第一种是每万人死亡 1286 名，第二种是24.14% 的致死率。哪种更危险？

如果你的回答是第一种，那么你就犯了和大部分测试者同样的错误。

当我们读到"1286 人死亡"时，脑海中浮现的画面肯定要比一个抽象的百分比数字更为生动鲜活，这种画面所引发的情感反应会让我们做不准确的判断。

另外，我们在认知方面还有很多容易犯的错误：比如，容易凭感觉而不是凭事实就攻击别人；因为人的某一个缺点就全盘否定他所有的观点和他个人的品质；容易听信一些漂亮话而接受一些错误观点，忽视了话语之间的逻辑性或者话语背后的事实；容易妄求完美，如果一个方法不能彻底解决某个根本性问题，就干脆弃用该方法，结果导致问题始终无法解决，无限期拖延……

我们常把犯的这种认知性错误归因于人性的弱点，其实根源在于我们不愿意动脑，在思维上走了捷径。而走捷径又是我们大脑"天生带来的系统缺陷"，那么我们要怎么避免犯这种认知性错误呢？

（1）凡事多多用脑，在把事情考虑清楚之前尽量少附和别人。

我们每天面对大量信息，所以很容易在了解清楚之前就做判断，我们要警惕这一点，面对某些信息要保持警惕性和敏锐度。保持了警惕性，就有助于启用更为精确的思考模式，让大脑走正常的"求知"路径，而不是走捷径。少附和别人，不做"键盘侠"，有助于我们保持冷静和清醒，不随别人的情绪"起舞"。

（2）做好记录。

大脑记忆不可靠，且人类很容易被自己的事后故事所说服，扭曲真实情况。更靠谱的是，在决策之时做好记录，以便事后核察、反省。

2. 大脑的偏差

绝大部分人都认为人类的大脑是一台从不会出错的完美机器。然而，大脑也有自己的缺陷，即认知偏差。下面就展示了一些大脑设置的陷阱，而且每个人曾经至少有一次陷入其中。一起来瞧一瞧，看看你中了哪个陷阱。

（1）知识的诅咒。

会使用手机的人，平均认为 15 分钟就可以教会不会用手机的人。然而，实际上，当这些人真正去教不会用手机的人时，往往花费 30 多分钟。事实上，那些掌握更多信息的人往往无法站在信息缺乏者的角度看待问题。

（2）现状偏差。

人们更愿意让事物保持原有的样子。这会让我们认为，从另一种选择中获得的潜在利润，远低于维持现状所获取的利润。

（3）人们常常高估别人的理解能力。

例如，我们以为周围每个人都能看出我们焦虑和缺乏自信的表现，但事实上，几乎没有人知道我们真正的感受。

（4）计划失误。

这种认知偏差让我们觉得做完手头的任务所用时间会比实际用时要少，设想的结果往往过于乐观。有趣的是，当我们给别人安排一项任务时，我们常常认为他们花费的时间会多于实际用时。

（5）容易受人影响，跟随别人做出选择。

人们常常会相信大众口中的传言，例如，我们很少怀疑新闻报道的事件，或者我们愿意相信朋友们在微信或微博上分享的观点。

这种认知偏差有时也被称为"顾客斯德哥尔摩综合征"。在听信广告买了一些昂贵的东西之后，我们往往会寻找一些理由来证明我们的选择是正确的，每个人都想相信自己购买的东西值这个价钱。

（6）基本归因谬误。

人们倾向将自己的成功归功于个人内在的性情，并用外在的情境因素来解释自己的失败。然而在解释他人的行动时，人们会用相反的逻辑：他们能取得胜利纯属运气好，他们的失败是由个人缺点造成的。

3. 破解大脑的缺陷

《怪诞脑科学》一书中提到，我们的大脑并不完美，不是针对我们的环境事先设计好的，而且在漫长的进化过程中，在原来的系统上不断叠加新系统，还保留着远古时代原始大脑的特征，而不是推倒重来的结构。这就好像一部克鲁机。克鲁机原本指的是由不配套的元件组成的计算机，延伸为在旧系统上不断叠加新系统的构造。比如，在一个年代久远的发电厂里，有3套不同层次的技术，分别是计算机技术、真空管、气动机械。其构造是典型的克鲁机：计算机控制真空管，真空管又控制着气动机械来发电。不是工程师不愿意推倒重来换上新设备，而是推倒重来会导致巨大的损失，只好维持这样的克鲁机方式。

正因为我们的大脑有克鲁机这一特点，才导致我们在记忆、信念、选择、语言、快乐和精神方面经常受到困扰。当然，意识到我们在进化中的不完美是好的，这样就可以针对大脑的特点改善这些不完美，战胜健忘、焦虑、拖延，进而改善自身和社会。这本书最后给我们总结了很多条建议，我们针对青少年学生的特点，选出了其中8条建议。

（1）尽可能考虑有无其他可行的选项。

正如我们所看到的，人类并没有养成以冷静而客观的方式考量证据的习惯。我们可以用来提高自己思考和推理能力的较为简单的方法，就是训练自己考虑有无其他可行的选项。即使简单到仅仅勉强自己列举出可行选项的做法，而不必亲自去探查证实，都能提高我们做出理性、正确判断的机率。

（2）重新界定问题。

同样是一句话，但采用不同的描述方法会带来完全不同的效果。比如：那块肥皂达到了99.4%的纯度还是具有0.6%的毒性？

最常遇到的问题是，我们听到、看到和读到的一切信息都有可能是不准确或片面的，而我们往往受这些信息的影响，做出某些决策，树立某些观点。

作为有独立思考能力的公民，我们应以一种怀疑的眼光看待周围的一切，并对任何被问到的事情都养成再三思考的习惯。（某一项课程我是真的感到厌烦还是单纯想抵制父母对我的要求？某一项课程我是真心喜欢还是只想获得炫耀的资本、众人羡慕的眼光？我对游戏没有抵抗力是喜欢游戏还是为了逃避学习？我的喜好是我真正的梦想吗？我为了融入某个团体而勉强做自己不喜欢做的事是一种暂时的忍耐还是得不偿失？）

如果能够换种思路考虑问题，那就不妨一试。人类的记忆在许多方面囿于冥顽难改的混乱之中，这意味着我们要学会逆向思维：如何思考一个问题会影响我们的记忆内容，而记忆内容又会影响我们能够得出的答案。因此，对每个问题尽量以不同的方式提问，这在避免这种偏差方面很管用。

（3）始终牢记：相关关系不等于因果关系。

《怪诞脑科学》中提到了一个很有趣的发现，在全美人口的各项统计调查中，有一项非常有趣的知识，他们鞋子的尺寸和他们的常识水平高度相关：鞋码大的人通常比鞋码小的人懂得更多的历史和地理知识。但这并不意味着你买一双更大的鞋子就能让你变得更聪明，或者长着一双大脚就代表你的智力水平很高。

这种相关关系，和其他许多相关关系一样，看起来似乎比它的本质更重要，这是因为我们生来就有把相关关系和因果关系混为一谈的倾向。

有很多类似的例子，如多读书的人能赚到的钱会更多一些。这就是一个相关因素，而不是因果关系。

（4）预知自己的冲动并事先约束。

希腊传说中有这样一个故事：遥远的海面上有一座岛屿，石崖边居住着唱魔歌的海妖塞壬三姐妹。她们唱着蛊惑人心的歌，把过往的船只引向该岛，让船撞上礁石船毁人亡。过往的船员和船只都受到迷惑而走向毁灭，无一幸免。奥德修斯经过那片海域时，采取了谨慎的防备措施。船只还没驶到能听到歌声的地方，他就令人把他拴在桅杆上，并吩咐船员用蜡把自己的耳朵塞住。船员也照此做法行事。他还告诫他们通过死亡岛时不要理会他的命令。后来，他的船和船员都平安无事。

奥德修斯把自己绑在帆船的桅杆上，以此抵制海妖塞壬的诱惑。在这一点上，我们大家都得好好地向他学习。例如，我们可以把自己在酒足饭饱之后计划下周要买的食品杂货和我们在饥肠辘辘时到商店买的垃圾食物进行比较。如果我们事先就打定主意只买计划好的食品，那我们带回家的将是一篮子更健康的食物。

在美国有人会设立"圣诞节购物储蓄"，为了到时能够肆意购物而整整一年都不敢动用这笔钱财。这种行为被经济学家视为彻头彻尾的非理性行为。然而，一旦考虑到人类在进化中存在的局限性，这种行为的出现又变得完全合情合理了。诱惑在看得见、摸得着的时候最难抗拒，因此，如果我们对未来有所筹划，与总是冲动行事相比，会过得更好一些。所以，聪明人喜欢按部就班地工作。

就像在培养习惯的过程中，形成固定的节奏，如每天运动10分钟，读10页书，写上百字，按固定的计划去执行，会随着时间的推移，自动获得更多的收益。

（5）别只是设定目标，要制订应变方案。

很多时候，人们几乎都不可能完成一个表达模糊的目标，如

"我要减肥"或"我打算在最后期限到来前写完这篇稿子",并且,只是把目标表达得更详细"我要把体重减少6磅(约2.7千克)"也不能起到足够的效果。但是,心理学家彼得·葛尔韦泽的研究表明:要是给希望实现的目标制订细致的应变方案,采取"如果X,就Y"("如果看见炸鸡排,我就走开")的形式,就能极大地提高成功的概率。

专家认为,我们做的大多数事情会经过更古老的祖传反射系统。于是,细致的应变方案是把抽象的目标转化成祖传反射系统能够理解的形式("如果……就……"是所有反射系统发挥作用的基础),从而为我们提供了一种绕过大脑认知局限的方式。这样,由于我们掌握了大脑古老系统所使用的语言,我们实现工作目标的概率就大大提高了。

(6)在任何时候,如果你已经疲惫或心里还在考虑其他事情,就尽量不去做重要决定。

身心疲惫(或精神涣散)之时进行思考,这和醉酒之后开车没有多大的差别。因为疲惫之后,我们更多的是依赖反射系统,而非慎思系统,精神涣散时也是这样的。比如,有一项研究发现,如果一边让一个具有健康意识的消费者努力去记7位数字,一边让他在水果沙拉和巧克力蛋糕之间进行选择,他多半会选择巧克力蛋糕。如果我们只想凭情绪判断也行,但如果我们想理性行事,那很重要的一点就是要创造"一些胜利的先决条件"。这就意味着,在做重要决定之时,我们需要保证充分的休息并全神贯注。

(7)随时在收益和代价之间进行权衡比较。

这个道理听起来连小孩都懂,然而实际上它并非大脑自然而然就会产生的想法。人们常常发现自己不是处于一种"预防"心态，即强调他们的行为所产生的代价（如果我不去看电影，就会浪费买电影票的钱），就是处于一种"促进"心态，即强调自己的行为所产生的收益（电影太有意思了！谁会注意到我上午打了一会儿瞌睡呢）。两种心态很少同时出现在大脑中，但我们做出合理判断的前提显然是权衡利弊，除非提高警惕，否则我们的性格和情绪往往会成为理性判断的绊脚石。

在个人层面上，考虑机会成本就意味着我们无论决定做哪件事情都会丧失做另一件事的机会。比如，去看电视就是在占用原本可用于做其他事情的时间，如做做运动或看几页书。

就像你玩游戏、看短视频，看起来只是浪费时间而已，但你本可以用这些时间做其他选择，也就是说，你损失了其他的可能性。

（8）设想你的决定可能会被他人抽查。

研究表明：如果人们要给自己做出的答案说明理由，他们就会比那些不做这方面准备的人们显得公正客观。当要为自己的决定承担责任时，我们往往会投入更大的认知精力，更详细周到地研究各种信息，并相应地做出更复杂的决策部署。

由于这方面的原因，如果在公共咖啡机上面放一张画着一双眼睛而不是一些花朵的海报，那么办公室员工在取咖啡时就可能更自觉主动地付款。因为在某种程度上，海报上的眼睛让他们感到应当对自己的行为负责。

上面的每条建议，都是基于对人类大脑局限性所做的实证研究而制订的。每条建议都以某种独特的方式帮助我们消除大脑进化过程中出现的一些缺陷。

第三章
情商决定你未来人生的高度

　　情商的水平不像智力水平那样可用测验分数较准确地表示出来，只能根据个人的综合表现进行判断。但我们都很清楚，情商高的人更能积极乐观地面对生活中的各种困难和挑战，能在未来获取更多的成功和幸福。

一、透视情绪

在现代社会中，学业、工作及家庭方面的压力不断加大，常常会导致我们暴躁、焦虑、抑郁，甚至情绪失控……各种负面情绪一触即发，让我们感到万分迷茫，无处发泄。那么，如何掌控情绪，而不是被情绪控制呢？如何接纳他人的情绪，不动怒、不抱怨，而是乐观积极，拥有和谐顺畅的人际关系呢？其实，只要我们参透了情绪是什么，思维是什么，我们就能以崭新的视角来看待这个世界。

1. 情绪的真面目

通常，情绪是被我们诠释成"愉快"或"不愉快"、"高兴"或"郁闷"等在特定刺激下的种种反应。世上所有正常人没有一刻可以摆脱情绪的影响，哪怕是在睡眠中。情绪是生命中不可或缺的元素，它来自生命底层，为生活增加色彩，但它不可预测，令人又爱又怕。

生活中，人们对不同事物的态度会产生不同的感受。比如，对朋友遭遇的同情，对残暴敌人的仇恨，因做成功一件事而欣

图 3.1　不同情绪表现

喜，因考试失败而沮丧等。通常，人们倾向于将各种层次和不同程度的感受，归为两大相反的类别：黑或白，好或坏，全是或全非。一个人如果说他既高兴又很郁闷，那么人们就会觉得他莫名其妙。但从情绪的本质上讲，这类情况是存在的。现代情绪理论从不同的角度将情绪分为 6 类。

第一类是原始的基本情绪，往往具有高度的紧张性，如快乐、愤怒、恐惧、悲哀。

第二类是与感觉刺激有关的情绪，如疼痛、厌恶、轻松等。

第三类是与自我评价有关的情绪，主要取决于一个人对自己的行为与各种标准的关系的知觉，如成就感与挫败感、骄傲与羞耻、内疚与悔恨等。

第四类是与别人有关的情绪，常常会凝结成持久的情绪倾向与态度，主要是爱与恨。

第五类是与欣赏有关的情绪，如惊奇、敬畏等。

第六类是根据所处状态来划分的情绪，如心境、激情和应激状态等。

可见，人类的情绪是很复杂的。相关研究发现，情绪既有程度大小、持续时间长短之分，又有正负（积极与消极）之分，而且各种对立情绪不仅相互影响，还可以相互转化。

心理学上，根据情绪状态的强度和持续时间可分为心境、激情和应激。

心境，是指微弱而持久、带有渲染性的情绪状态，具有弥漫性。它不是关于某一事物的特定体验，而是以同样的态度体验对待一切事物。如"感时花溅泪，恨别鸟惊心"，写的就是一种心境。

激情，是一种迅猛爆发、表现剧烈、持续时间相对短暂的情绪状态。比如，范进中举后狂喜而疯，就是一种激情爆发。激情也可以是几种情绪纠合在一起产生的作用，如怒火攻心而亡，除了"怒"，还可能有"哀"，有"惧"。

应激，是指主体对某种意外环境或突发事件刺激所做出的适应性反应，是主体觉察到环境的危险或遇意外事件时而产生的情绪状态。比如，当你见到有人当街持刀杀人的那一刻所表现出的恐惧或者激愤。当然，环境或意外事件刺激也可以是正面的。

那么，情绪的正负该怎么区分呢？所谓负面情绪是指对主体具有消极影响，不符合主体需要和愿望，令主体产生不快、烦恼和痛苦等体验的情绪。通常包括：愤怒（如愤慨、苦恼、烦恼、烦躁、愤恨、怨恨、仇恨、恼怒、刻毒、敌视，走到极端则是恨之入骨与暴力）；悲哀（如多愁善感、自怜、寂寞、沮丧、悲伤、难过、忧郁、绝望，到极点则是严重抑郁）；恐惧（如紧张、疑虑、急躁、警觉、慌乱、焦虑、畏惧、恐怖，直至病态的恐惧症、恐慌症等）；惊奇（如奇怪、惊讶等）。而所谓正面情绪则是对主体有积极影响，符合主体需要和愿望，令主体产生愉悦、快乐等体验的情绪，主要包括喜与乐（如自豪、兴奋、欣喜、幸福、喜悦、欢乐、放松等）。

此外，还有与情感更密切的复合情绪，比如爱（如敬老爱幼、情真意切、痴迷眷恋、一见倾心、心心相印、生死与共、相濡以沫、无私关怀、温情脉脉、情投意合、舐犊之情、情缘、依恋、溺爱等）、厌恶（如藐视、轻蔑、鄙弃、憎恶、反感、讨厌等）、羞耻（如窘困、屈辱、内疚、悔悟、懊恼、羞愧等）。复合情绪更多的是与人的社会性需要相联系，很难做出正负区分，因为情感比较内隐，而且在行为上的表现也不是很明显。

在现实生活中，很多人想要消灭负面情绪，这是不可能做到的。人的各种情绪本就是相互纠结的一个整体，无法分割，而且容易受到社会环境、文化环境、个人感觉、个人性格等诸多方面的影响，随时可能发生积极或消极的变化。我们无法保证一直处于积极的情绪状态下，也不会永远处在负面情绪中。再者，负面情绪也并非一无是处，就拿"愤怒"来说，我们对敌人的愤怒可以成为英勇作战的内在动力。

2. 合理表达自我情绪

从普遍规律而言，"情绪稳定且乐观"是人类的心理平衡机制达到的最好状态。从生理学上讲，个体的心理处于积极乐观的状态，他（她）的大脑就会分泌出一种叫作多巴胺的"有益性"物质，他（她）的体内就会产生强大的抵抗力和免疫力，他（她）的机体就会具有很强的抗病能力。反之，如果个体的心理

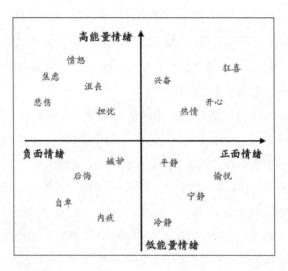

图 3.2　正负情绪示意图

处于超负荷运转或者极其消极的状态下，他（她）的自主神经系统和内分泌系统等就会出现紊乱或逆转，容易在心理或生理的某个方面出现疾病的症状。因此，情绪的调控就是锻炼自身生理平衡机制的能力。

合理表达情绪的前提是，要有正确的自我情绪认知。那么，我们如何知道自己处于怎样的情绪状态呢？

情绪反应一般分为主观体验、生理唤醒和外部行为，它们同时活动、同时存在，构成一个完整的情绪体验过程。比如，当一个人佯装愤怒时，他只有愤怒的外在行为，却没有真正的内在主观体验和生理唤醒，因而也就称不上是真正的情绪过程。因此，情绪必须是上述方面同时存在，并且有一一对应关系，一旦出现不对应，便无法确定真正的情绪是什么。

例如，突如其来的地震会引起人们的极度恐惧。在地震中，人们首先感知到剧烈的震感，之后生理唤醒引发恐慌，表现在行为上就是仓皇逃跑等。

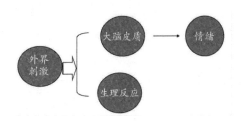

图 3.3　情绪反应过程

情绪是自我意识的反映，在体验发生时，能够识别这一体验的发生，是情绪智力的基石。因此，认识自我首先要从真实体验开始。我们认识并处理自己的情绪，应该系统地进行。

第一步，先发掘情绪变化的根因（来源），情绪的根因绝不会来自个人的内心深处，而一定来自对某事的反应，是外在发生的事情使人愉悦或悲伤。一旦找出根因，你所要做的并不是控制自己不产生情绪，而是接受自己情绪的存在，并且注意体察自己情绪的变化以期提醒自己。

第二步，确认自己的体验。很多人对情绪的认识存在一个误区，即认为情绪是主观的心理活动，是可以靠自己强行改变的。我们必须明白，情绪是人对客观事物刺激的必然反应，我们需要做的是弄清楚自己的真实体验是什么，可以问自己 3 个问题——"我现在的情绪是什么？""为什么我会这样？""我有什么感觉？"先弄清楚这种体验达到了什么程度，再考虑采取怎样的表达方式。

比如，你正因为某些事情烦躁的时候，跟你在一起的朋友正好打了一个电话。这时，或许这一平常的举动就会激起你的怒火，你会觉得他通电话时的声音太大，打扰了你的清净。于是，你可能会与他争吵，甚至出言不逊。但如果你能客观地感受一下自我，就会发现你其实并没有因此生气，让你烦躁的是别的事情，而他通电话时的声音也没有太吵，是你先前的怒火将自己的烦躁迁怒于他。

很多人往往会从负面去体察自己的情绪，并以消极的方式来处理，继而感染他人，让他人也在一瞬间变成一只自我防御的刺猬，站到你的对立面去为自己辩驳。这样的方式显然是不好的，我们只有冷静下来，了解自身的感受，反思自身的问题，才能妥善处理情绪，化解矛盾，最终解决问题。

第三步，合理表达你的情绪。要记住，情绪是需要被表达出来的，一味地压抑或控制情绪不是好办法，所有的情绪都应当找到适当的出口而得到舒缓。情绪往往像一江怒潮，倘若一味主观地压制，当积累到一定程度时，它一定会寻到一个你最薄弱的地方奔泻而出，如同洪水泛滥，一发不可收拾。

之所以说"表达情绪"而不是"发泄情绪"，就是不希望给情绪的抒发扣上负面的帽子。"发泄情绪"带有任性的意味，是消极表达，而"表达情绪"则多了一分理性。

首先，要注意表达情绪的方式。人之所以要表达情绪，无非是想获得正能量，期待别人的理解与同情、支持与激励。情绪表达要有表达者和受众。一方面，表达者要考虑自己表达的内容和方式，尤其要卸下面具，表达真实感情；另一方面，要考虑受众的体验和反应，要尊重他人的情绪表达。在表达时，不要做人身攻击，只需尽量客观地描述，这样既能清楚地表达自己，又能避免刺激对方，才会达到表达情绪的最终目的。尤其当你处于极端情绪状态的时候，为了避免说出日后可能会后悔的话或做出过激行为，最好暂缓情绪的表达或者选择其他恰当的方式。

其次，如果没有合适的倾诉对象，你可以选择向大自然表达。当你站在高山之巅仰望苍穹，或者站在大海之岸眺望远方，或者徒步丈量一条陌生的小径时，你可以尽情倾诉，达到"身心合一"的境界。

最后，尝试根据场合、对象的不同而转换表达角度。一件事从不同角度着眼，会有不同的看法。若能够站在他人的角度看问题，在理解别人的基础上去表达自己的情绪和看法，远比站在自己的角度对人发泄自己的不满更有效。表达是为了让表达者本身的情绪状态趋于平衡，而不是表达自己的情绪后让别人受伤害，这才是表达情绪的关键。

3. 驾驭情绪的方法

古今中外，矛盾无时不在，无处不在。有人的地方就会有矛盾，有矛盾就难免产生偏激情绪，若不及时、合理地疏导，很容易产生严重的危害。

比如，当你与别人产生矛盾，因恼怒而情绪失控时，往往会说出一些极端伤人的话，尽管这并不是出于你的本意，而且稍后你便会后悔："对不起，我不是有意要伤害你，我很抱歉说了那些话。"但是，你对别人造成的伤害已经难以挽回，这种伤害可能是永久性的。

当今社会的发展呈多元化，每个人的家庭背景、生活经历和兴趣爱好都不相同，认识和分析问题的角度难免不一样。而且，不少孩子从小就被家长娇宠，习惯于别人对他的包容和理解，却不懂得包容他人。他们往往以自我为中心，任性、蛮横、暴躁，在面对问题时，极易产生种种不良情绪，于人于己都非常不利。

在日常生活中，引发负面情绪的事情总是很多：生活压力、学习困难、人际关系……面对负面情绪，若不能很好地克制，它就会如潘多拉魔盒一般，飞速地在内心散开，愤怒、恐惧、抑郁，在黑暗中侵蚀着你的心，逐渐消磨你的理性。久而久之，你会变得更加易怒，为了一点儿小事就大动肝火，还会郁郁寡欢、患得患失，甚至忧郁、失眠，内心陷入绝望而不能自拔。

大多数人处理消极情绪无非是采取逃避、发泄、抱怨等方式，但这些并不是处理消极情绪的好办法，不仅治标不治本，而且可能加重负面情绪。根据辩证思维给我们的启示，处理负面情绪可以参考以下几种方法：

（1）学会接纳。你要承认负面情绪的存在，并且逐渐接纳它。一旦接纳内心便不再抗拒，不抗拒心中就不会继续纠结，该乐就乐，该怒就怒，渐渐的，你的心情自然会舒畅起来。

（2）不钻牛角尖。让思维、行动和情绪成为互帮互助的好友。不把焦点放在处理负面情绪上面，而是跟着负面情绪走，通过负面情绪的指引，协助你找到真正的内在问题。

（3）善于转化情绪。根据情绪的两级原理，正负情绪之间可以相互转化。比如，你在路上走着时，突然看见一只饥饿的小狗正无助地哀嚎着。这可能会触发你的负面情绪，让你心烦意乱，上去踢它一脚；但你也可能转念一想，又对它动了恻隐之心，继而去给它喂食。对待同一事情，你既可能产生正面情绪，又可能产生负面情绪，关键就在于你看待问题的角度。如果我们善于发现事物"正"的一面，就能产生更多的正面情绪。

二、让光明思维指引成长之路

光明思维是使自己始终沉浸在乐观向上、积极进取的良好心理氛围中，使大脑处于活跃开放、正向求索的信念状态，从而开发潜能并导向成功的思维方法。

人生难以跨越的不是逆境，而是心境。当我们身处逆境时，要看到光明的方向，我们只有对客观事物认识得更加深刻，人格健全、意志坚定，成为一个成熟的人，情绪才会展现出我们精神状态中积极向上的一面。

1. 积极思维，才能有好心态

其实，人与人之间并没有多大的区别。每个人都同样拥有头脑和四肢，同样有思维能力和行为能力，但为什么有人能够获得成功，能够克服万难去建功立业，有人却不行？成功学大师拿破仑·希尔认为：成功人士与失败人士的差别在于，成功人士习惯用积极的心态去处理事情，而失败人士则用消极的心态去面对人生。

有一个故事是这样的，在一次圣诞节前夕，甘布士想前往纽约，可车票已经卖光了。售票员说，有人退票的机会只有万分之一。甘布士听到这一情况，马上开始收拾出差要用的行李。妻子不解地问："既然已经没有车票了，你还收拾行李干什么？"他说："我去碰一碰运气，如果没有人退票，我就当拎着行李去散步。"等到开车前 3 分钟，终于有一位女士因孩子生病而退票，于是他登上了去纽约的火车。

图 3.4　心理暗示

"拎着行李去散步"，这是多么积极的心态。正如自然界的色彩有冷色和暖色之分一样，人们的思维方式也有"光明"与"黑暗"之分。光明思维是一种积极的心理导向，是一种有益的心理暗示，是一种健康的心理品质。光明思维能激励创新者自强不息、见贤思齐，能激发创新者的生命潜能和创造潜能。人生多坎坷，但对具有卓越光明思维素质的人来说，苦难是人生的教科书，是一种难得的机遇，是造就雄才英杰的卓越教师。

2. 你的思维决定你的世界

对学生来说，无论是为人处世还是对待学习，态度至关重要。因为一个人的态度决定了他的行为方式，决定了他对待学习是全力以赴还是敷衍塞责，是安于现状还是积极进取。态度取决于人的思维方式，它折射着一个人的未来。

人生的改变源自思想的改变。如果囿于消极的、固定的思维模式，即使是上帝也改变不了他的命运。积极的思维方式可使人拥有乐观的心态，行事态度也更加积极。拿破仑·希尔说："人与人之间只有很小的差别，但是这种很小的差别却造成了巨大的差异！很小的差别就是所具备的心态是积极的还是消极的，巨大的差异就是成功和失败。"因此，我们要学会调整思维角度，调适心态，由内而外地改变自己。只有提升思想格局，人生才会更有动力。

3. 挫折是成长的阶梯

所谓挫折，指日常生活中的挫败、失意，在心理学上是指个体在从事有目的的活动时遇到障碍、干扰，致使个人动机不能实现、个人需要不能满足而引发的一种消极的心理状态。

不过，世界上没有绝对的事情，任何事情都有两面性，挫折也一样。每个人的一生都不会一帆风顺，难免会遭受挫折和不幸。失败者总是把挫折当成失败，因而每次挫折都能够重重地打击他的勇气；成功者则永不言败，在一次又一次的挫折面前，总是对自己说："我不是失败了，而是还没有成功，我需要更多的经验。"英国诗人雪莱曾说："如果你十分珍爱自己的羽毛，不使它受一点损伤，那么，你将失去两只翅膀，再不能凌空飞翔。"

韩美林是我国著名的美术大师。他幼年丧父，生活困苦，母亲一手把他拉扯大。最为不幸的是，"文化大革命"期间，他入狱5年，遭受了许多非人的折磨。但挫折并没有让他颓废，而是让他更加坚强、勇敢、乐观。他在好不容易成名以后，却又病魔缠身，但他并没有停下创作的脚步。挫折磨炼了他，让他有勇气和韧性去面对一切。正因为他把挫折当作成功的阶梯，才最终成为国家一级美术师。

面对困难和挫折的不同态度，会产生截然不同的两种结果，甚至会造成两种不同的人生境遇。勇敢的人不惧困难，无论面对怎样的困难和挫折，陷入怎样的困境，都能始终保持积极乐观的心态，勇敢地去面对磨难，想方设法击败挫折、走出困境；而怯懦的人一旦遇到困难和挫折就自暴自弃、怨天尤人，一味地逃避，更有甚者没有做任何努力就举手投降，成为一个不折不扣的失败者。因此，勇敢的人更易获得成功，而懦弱的人则更易沉沦于失败。

其实，挫折并不可怕，要有勇气面对它、战胜它。我们要培养坚强乐观的心态，即使遭受重大打击也不要气馁，要把失败当成一个新的起点、一个提高的契机。在失败之后更加努力，想出各种各样的策略来发展自己的能力，从失败中学习进步，把失败转变为自己的财富，把每一次挫折都当成人生历程中的成长阶梯。

4. 成长需要不断自我挑战

人生无法摆脱挫折的纠缠，要么你战胜挫折，要么你被挫折

我可以自由地学习，当我感觉挫败时，我会坚持到底，因为我喜欢不断挑战自己；当我失败时，这就是我学习的机会。

我并不擅长学习，当我感觉挫败时，我选择放弃，因为我不喜欢挑战；当我失败时，说明我不够优秀。

图 3.5　成长型思维模式和固定型思维模式

战胜。成长就是一个"错了再试，败了再来"的过程。我们每个人都需要奋斗，都有可能成功，但为什么成功的人很少、失败的人多呢？因为人们总是习惯于自我设限，缺少挑战精神，而人生就是需要不断地自我挑战。

　　这里就需要引入"成长型思维模式"和"固定型思维模式"的概念，它们在很大程度上决定了我们对待挫折的态度。我们每个人都同时具有这两种思维模式，只不过在很多人的思维模式里固定型思维模式占了上风，压制了成长型思维模式，因此难以迎接挑战、获得成功。

　　"成长型思维模式"的概念由斯坦福大学心理学教授卡罗尔·德韦克首次提出。她认为，具有成长型思维的人，做事更关注自己是否在发展的状态，而不是结果，认为自己的能力可以在挑战中不断地提高。他们经常会说，"我喜欢挑战"或者"我知道我目前还不够格，但我一定会超越自我，努力达标"。这种思维方式大大增加了他们成功的可能性。

具有固定型思维模式的人习惯于把思维局限在一个狭窄的范围，认为智商等能力是天生的，他们的基本观点是"能力是一成不变的"，一个人要么是跑得快的兔子，要么是跑得慢的乌龟。他们不愿意去做那些与自身能力有差距的事，并会因避免挑战而错失很多机会，因此永远在原地踏步，得不到成长。

美国电影《面对巨人》里有这样一个片段：在橄榄球队训练间隙，有个球员问西景队（竞争对手）有多强，队长布洛克说："比我们强多了。"教练听到队长这样说，便问他："布洛克，你已经认定星期五晚上我们会输了吗？"布洛克回答："我只知道赢不了。"

教练沉默了片刻，然后把布洛克和另一个球员叫起来，开始"死亡爬行"训练。教练给布洛克蒙上眼睛，让他背上队友，爬行50码（约46米）。但让所有人意想不到的是，在教练喊了13次"对了"、15次"加油"、23次"不要停"、48次"继续"之后，布洛克最终背负着160磅（约73千克）的队友爬行的距离是110码（约100米）。

这是一次精彩的超越。在这个故事里，所有人都知道对手西景队非常强大，队员们显然没有取胜的信心，教练并没有明说自己球队的实力到底是强还是弱，而是用行动让大家见证了人的潜力有多么强大。

与其说是人的潜力强大，不如说是成长型思维的力量大，或者说是情绪智力创造了奇迹。思维是人的底层代码，靠智慧来分辨。它就像多米诺骨牌的第一张，推倒了会发生连锁反应，一种思维模式会衍生一大批想法和行为，继而把我们变成力量强大无比的人。

三、价值思维帮你赢在未来

价值思维是以个人世界观、人生观及价值判断为基础，着眼于长期发展的思维方式。每个人都希望实现自身价值。对个体而言，价值都是由自己的"选择"构成的，选择是基于对结果的判断，当你觉得某个结果是你想要的，你就会做出这个选择。

1. 不做梦的人必定平庸

当下有一句流行语：人因梦想而伟大，因学习而改变，因行动而成功。最困扰一个人的不是生活的艰辛，而是看不到前途。

志向、理想、梦想、目标是努力的依据，是动力的核心，对人有很强的激励和鞭策作用。没有人能摧毁胸怀志向、理想、梦想、目标的人。著名作家欧文·斯通毕生研究伟人，为许多人写过传记，其中包括米开朗基罗、弗洛伊德和达尔文。欧文·斯通曾经被问及是否发现了贯穿这些杰出人物生命的线索。他说："我写的这些人，在他们的生命中，总有一个既定的大目标或者理想，然后他们就为了实现它而努力。他们都曾遭遇过当头一击，一度被打倒，在接下来的许多年里，他们走投无路，然而每次被击倒后，他们总会重新站起来。你不能摧毁这些人。"

　　未来学家阿尔文·托夫勒曾说："在做小事时，你必须思考大事，这样小事会沿着正确的方向前进。"作为一名学生，做什么样的人，上什么样的学校，未来选择什么样的职业，追求什么样的人生，都应该在一定的理想和志向的指导下确定，然后脚踏实地地去奋斗。著名物理学家库珀说："人生就像打高尔夫球时击出去的球，要有一个明确的目标。"是的，人的生活不能没有明确的目标。没有目标，就没有前进的方向和动力，就像大海中的船，如果没有舵手，就会随时触礁或搁浅。没有梦想，没有目标，人生就会变得消极被动，庸庸碌碌，无所作为。

图 3.6　美国著名作家马克·吐温

　　马克·吐温 14 岁那年，偶然看到地上有一张废纸，一时好奇便拾起来看，不料这一看成了他一生的转折点。原来印在纸上的是一位伟人的故事，他读后深受感动，而且深信自己也可以干出一番事业。果然，凭着这一信念，当过报童、淘金工人的他笔耕不辍，后来成为大名鼎鼎的作家。

从小到大，每个人都有过自己的梦想。但仅仅拥有梦想还远远不够，我们还必须通过一系列的努力去实现自己的梦想。

首先，你需要设置清晰的阶段性提升目标。篮球巨星凯文·杜兰特有70%的时间都在独自一人努力练习，只是为了调整在比赛中的某一个细节。

其次，你需要科学的方法。富兰克林通过刻意练习来提高写作水平。他收集杂志《观察家》中最好的文章，反复阅读、记笔记，然后同自己的文章进行比较，找到自己的缺点并加以改正。为了提高逻辑论证能力，他会打乱文章的笔记，然后把它们按照合理的顺序重新整合起来，让自己掌握"理顺思路的方法"。为了提高自己的语言能力，富兰克林一遍又一遍地练习，将散文改写成诗歌，把诗歌改写成散文，从而练就了高超的文笔。

最后，你需要持续反思和完善计划。再完美的计划也会存在一些漏洞。在执行的过程中，我们要有意识地寻找这些漏洞。一步步完善计划，使之更加高效。当你的计划足够完善时，你的梦想离实现也就不远了。

2. 培养自信心是提升情商的基础

自信是准确的自我定位和客观的自我评价，是一种进取精神和科学态度，是遇到困难永不低头的巨大精神力量，也是一个人成长道路上最宝贵的财富。

多数认为自己不行的人，其实并不是真的不行，而是没有自信心。想要培养自信心，就必须做出成绩。在这一过程中，如果遇到困难，不妨给自己一些压力。人都是逼出来的，一个人如果不逼自己一把，根本不知道自己有多优秀。法国文学巨匠巴尔扎克从小立志当一个文学家，在 20 岁时，他写过很多剧本都失败了。但他坚信自己的才能，尽管负债累累，欠下 9 万法郎的债务，仍然在困境中发愤著书，每天工作 16 个小时以上。经过 20 年的不懈努力，他终于写成了《人间喜剧》这部由 90 多篇小说组成的巨著。

一个人能不能变得优秀，源于自信，成于刻苦勤奋。在培养自信的过程中，我们要不断积累成功的经验，做事就会越来越顺畅，渐渐的，自信的笑容自然就会浮现在你的脸上。

3. 用积极暗示强化意志力

习惯于利用计划激励和管理自己的人大都意志力非常强。设定预期目标是训练意志力的基本条件。比如，参加一次重要考试，希望获得什么样的成绩，就是一个目标。我们不仅要制订目标，还要把目标尽可能细化，这样就能对目标完成情况一目了然。

每个人在自觉制订目标的时候都富有激情和动力，而在计划中遭遇阻力和困难时，才是考验意志力的关键时刻。每一个要克服的障碍，都离不开意志力加持。但是，意志力并非与生俱来，更多的是取决于人的潜意识。

心理学家研究发现，潜意识能通过自我暗示发挥出无穷的力量。世界潜能大师博恩·崔西说："潜意识的力量比意识大 3 万倍。"

人们行为的改变，关键在于潜意识的改变。不断对自己进行积极的暗示，充分肯定自身优势，挖掘自身潜能，你就会获得战胜一切困难的意志力。著名的"罗森塔尔效应"就是一个典型案例。

一天，美国心理学家罗森塔尔来到一所小学，对一些学生进行"未来发展趋势测验"。之后，他将一份"最有发展前途者"的名单交给了校长和相关老师。几个月后，他对那些学生进行复试，结果那些"最有发展前途"的学生，个个成绩都有了明显的进步，而且性格活泼开朗，自信心强，更乐于和别人打交道。实际上，那份名单只不过是他杜撰出来的，但那些学生因为受到了积极的心理暗示，自信心和意志力大大增强，所以取得了很大的进步。

心理暗示可以左右我们的意识，进而通过意识来左右我们的行为。因此，我们必须学会用积极暗示来激励自己，增强自己的意志，排除万难，战胜困难，最终达到自己的预定目标。

四、认识自己的重要性

在古希腊帕尔索山的一块石碑上，刻着这样一句箴言"认识你自己"，据说这是阿波罗神的神谕。卢梭对这一碑铭有极高的评价，认为"比伦理学家们的一切巨著都更为重要、更为深奥"。显然，认识自己是至关重要的。在第一章中我们就提到过，弋尔曼教授对于情商的判定依据第一项就是自我认知力。然而，能正确地认识自己也是很不容易做到的，这需要人们理性地看待问题。

1. 在自我认识中常见的错觉

从研究结果来看，我们整体的认识自我的意愿和能力不太好，而且往往会陷入一些认识自我的错觉中。

（1）认为自己优于大多数人。

在美国一份针对80余万名学生的调研中，95%以上的人在评估自己与他人相处的能力时都认为自己高于平均水平。大部分人在与自己的身边人相比时，都会觉得自己更聪明，更好看，更有道德，甚至会活得更久。

但自己"优于平均的大多数人"往往是一种错觉。理论上，仅有49%的人是处于平均之上的。生活中我们也不难发现，当被要求评价自己时，我们也常用"中等偏上"这样的词汇。

（2）评估中出现的误差。

心理学家通过对人们阅读、驾车、下棋和打网球等各种技能的研究发现，在有关幽默感、语法和逻辑的测试中得分低的人，对自己真实能力的评估更不准确。也就是说，能力越差的人反而自我感觉越良好。自信与自我感觉良好不同，自信能帮助你客观地看待自己和困难，而自我感觉良好只会让你处在一种美好的假象中，停止进步。

（3）误以为自己有认识自我的意愿和能力。

美国组织心理学家塔莎和她的团队调查了成千上万来自世界各地的人发现，虽然95%的人认为自己拥有自我认识的意愿和能力，但实际上只有不到15%的人展现了这一能力。

2. 如何真正做到认识自己

正确认识自己是提高情商的基础，如果你对自己都无法做出清晰的判断和评价，你在人际交往、学业生涯、职业选择方面就很容易陷入迷茫，无法把控自己的人生。所以，在谈情商之前，一定要对自己有个准确的评价。

而了解自己的第一步，就是去质疑关于自己的种种预设，去积极考证我们在他人眼中的样子，带着一种积极的思维和接纳自我的态度追求真实。这并不容易做到。有学者去清华大学演讲，学者问在场的学生，有多少人觉得自己很迷茫，还没有一个关于"我是谁"的答案，结果，有超过四分之三的同学都举起了手。其实，正确认识自己需要一个过程，甚至也需要技巧。

（1）深度思考，尽量从第三方的角度感知自我。

①全然接受，帮你了解当下的自我。

放弃过度思考，让自己放松，去体会当下，全然接受当下经历的一切。也就是去觉察你现在想的、感受到的、做的是什么，但不去评判，不给自己压力。

哈佛心理学教授埃伦·兰格认为，这种方法的本质是以一种新的方式来看待自己和世界。以旅行为例，当我们到了一个全新的、陌生的环境时，观察当地的风景和风俗时，我们会很容易注意到自己的思想发生了微妙的变化，像是一间封闭的屋子突然吹进了风。从原来的生活抽离，更能明确自己对外界的喜恶，更能明确自己的思想。

②改变叙事方式，帮你了解你心灵深处的想法。

叙事，即我们怎样讲述自己过去的故事，在故事中我们关注了什么、如何解读细节，影响着我们的人生态度，也决定了我们如何理解曾经的自己。

能够正确认识自我的人，在讲述一段亲身经历的故事时，往往不会只给出一个层面的"发生了什么"，而是会进一步地讲述在更深层的心理层面上发生了什么，或者从不同的人的立场上来说发生了什么。

另外，你可以设想一下未来的场景，二十年后你理想中的一天的生活是什么样子？你的生活是已经充满了规律吗？还是你的生活中仍有很多不规律、新鲜又有挑战的事情？你结婚了吗？你定居在哪里？你有孩子吗？你的经济条件是什么样子，你日常生活中使用哪些物品和服务？你有很多新认识的朋友、还是只和一小圈子人一直保持着深厚的友谊……你对于这一天生活的想象越深入、越细节，越能帮你了解，你究竟渴望什么样的生活，你在生活各个方面的价值取向和偏好是什么样的。而这种了解，反过来又能帮你重新做出今天眼下的种种选择。

（2）通过别人来了解自己。

① 360 度反馈。

为了获得一个更全面、准确的他人眼中自己的形象，我们需要了解生活中各方面的人对我们的看法：伴侣、朋友、亲人、同事……为此，我们可以设定一些问题，去问周围的人，问题要设定得越细越好，越巧妙越好。比如：你认为我是一个懒人吗？让周围人不直接回答"是"或"否"，而是从 1～10 中选取一个度，这样更有助于我们更清晰地认识自己。

②"对"的反馈。

虽然他人对我们的看法和意见是重要的一部分，但并不是所有外界反馈都具有同等的价值，所以我们需要寻求"对"的反馈。在选择对象时，我们要避免两种人：无爱的批评者和无批评的爱人。

不难理解，前者就是那种无论我们做什么都会指责、批评的人，如善妒的人，或怀有敌意的人。后者则是无论我们做什么都不会批评我们的人，如坚信"我的孩子完美无缺"的妈妈，或习惯性讨好的"老好人"。因为这两类人的反馈带有过于浓重的主观色彩，所以对我们提高自我的认识没有帮助。

③"晚餐桌上的真相"。

这是一个需要充足勇气的方法，但同时也是有望给你的自我认识带来质的提升，并改变你最重要的人际关系的方法。

你需要邀请一个最好的知心朋友以及一个家庭成员或人生导

师共进晚餐。用餐时，你要请他们说出一个你让他们最为恼火的地方，可以是你做过的某件事，你的某个特质，甚至你说的某句话等等。当然，在那之前，他们知道你这样做的原因，同时，你也要营造一种让他们畅所欲言的氛围。此外，你不能针对他们的话做出任何带有攻击性的回应，只能真诚地倾听。

你需要知道，"真相"往往比我们想象中还要难以接受。但你付出了多少勇气，就有机会收获同等的成长。这样的"晚餐"，你可以隔较长一段时间（比如一年左右）和家人、知心朋友进行一次，如若太频繁，反而丧失了它的严肃性。

认识自己是一件漫长的、足以持续终生的事情，这个过程既是一场探索，又是一种学习。即便是最为自知的人，对自己的了解也不可能达到 100% ——因为"自己"不存在一个标准答案；因为我们在变化，也在成长。

第四章
提升智商的思维方法

智商超群则思维开阔，思维开阔则智商提升。一个人强不强大，看他所做的事；一个人做的事能不能成，看他的思维方式。优秀的思维方式虽然不一定能让一个人强大，但内心强大的人一定具备好的思维方式。思维方式决定行动，行动决定结果，结果的质量影响一个人的命运。不同的思维方式，会让同样的时间和资源在不同的人那里产生截然不同的结果，最终导致人与人之间的差距越来越大。

一、逻辑推理思维

逻辑推理能力是根据已知的知识和事物，借助于概念、判断、推理等思维形式能动地反映客观现实的理性认识能力。它是对事物进行观察、比较、分析、综合、归类、概括、抽象、判断、推理的能力。逻辑推理能力不仅是学好理科必须具备的能力，也是学好其他学科、处理日常生活问题所必需的能力。

逻辑推理思维是一个很复杂的思维系统，是人的认知的高级阶段，这里只对逻辑思维的要素和推理过程进行一般性讨论。

1. 逻辑思维要素

逻辑思维的基本要素包括澄清概念、准确判断、严密推理、合理论证以及辨识谬误等。

（1）概念。概念是对事物本质属性的概括，在意识里形成反映对象的本质属性的思维形式。把所感知事物的共同本质特点抽象出来并加以概括，就会形成概念。比如，动物、水果、方程式、化学元素、颜色、气味等就属于概念的范畴。此外，概念具有内涵和外延，并且随着主观、客观世界的发展而变化。

概念所反映的事物的共同本质属性，即概念的内涵；

概念所指的一切对象的范围，即概念的外延。

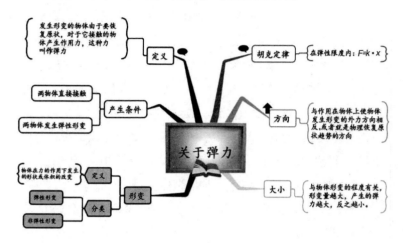

图 4.1 概念思维图——弹力

概念的作用及意义：概念能够快速、便捷地将标识（名称）与具体事物（或事件）的内容清晰、全面、集中地联系在一起，从而省去部分知识、信息集中和整理的过程，使人们得以快速知晓事物（或事件）的全貌，提高认知的质量，缩短认知的时间，提升认知的效率。

（2）简单判断。判断是在概念的基础上对事物的各种关系进行区分、识别，对思维对象是否存在、是否具有某种属性以及事物之间是否具有某种关系的肯定或否定，在形式和逻辑上用一个命题表达出来。比如：

小明是一个高大健壮的排球运动员。（肯定）

杨华没有被评为优秀学生。（否定）

我们都喜欢上数学课。（全称肯定）

有几个同学不喜欢逻辑课。（特称否定）

更简单地说，判断就是在事物的发展过程中识别及认定某种现象存在与否，并对该现象进行"是与否"的确认。

（3）推理。推理是根据一个或几个已知的判断（前提），推导出一个未知结论的思维过程。基本形式有演绎推理和归纳推理。演绎推理是从一般规律出发，运用逻辑证明或数学运算，得出特殊事实应遵循的规律，即从一般到特殊，从证据的拼接与推演得出已经过去的真相；归纳推理就是从许多个别的事物中概括出一般性概念、原则或结论，即从特殊到一般。

例如，有一天晌午，邵康节（北宋著名理学家）和他12岁的小儿子邵伯温在院子里乘凉。突然，院墙外边伸出一个人头，朝院子里寻视了一圈，又缩了回去。邵康节问儿子："你说这个人瞅啥？"邵伯温说："八成是个贼，想偷东西，看见有人，又走了。""不，"邵康节说，"他是找牛的，不是贼。"儿子不信，跑出门去问那人是不是找牛的。"是呀！"找牛的人说，"小兄弟，你咋知道我是找牛的？"试问，邵康节怎么知道这个人是找牛的？

他是这样解答的：伸出头的人若是个贼，见院子里有人，便会立即缩回去。但他见院子里有人，还是寻视一圈，这说明是在寻找东西，而且是寻找会动的东西。他只瞅一下而没仔细看，说明是个大东西，看他的样子是农民，所以准是找牛的。

邵康节的回答，其实是进行了一系列的推理，这就是推理分析法。

推理的方式有很多，在这里我们要特别提一下空间推理，因为这对学习太重要了。加德纳在多元智能理论中指出，空间智能是人们生活学习的基本能力，更是人们进行艺术、科学、数学及文学活动的不可或缺的能力。"大千世界，色形而已。"世界万物莫不是以形状和色彩呈现出来的。因此，我们可以凭借已知条件，推断出某些物体未知的形状和相互关联性，这也被称为空间想象力。它体现在对诸如一维、二维、三维空间中方向、方位、形状、大小等空间概念的理解水平及其几何特征的内化水平上；它是一个包括观察、想象、比较、综合、抽象分析，不断地由低到高向前发展的认识客观事物的过程。

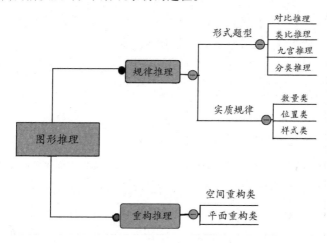

图4.2　空间图形推理示意图

空间观念有5个基本要求：一是从形状简单的实物中抽取出空间图形；二是从空间图形反映出实物；三是从复杂图形中分解出简单的、基本的图形；四是从基本的图形中寻找基本元素及其关系；五是由文字或符号做出图形。对于中小学生来说，虽不需要对空间推理做系统探讨，但应当通过观察自然与社会现象、实物模型、图像等，对空间进行"触摸"，感知、理解事物的空间特性，在空间感性认识的基础上形成空间概念和推理能力。

2. 逻辑思维的基本规律

逻辑思维的基本规律是从事物发展变化的相对确定性中概括出来的、有别于辩证逻辑的普遍思维规律。在相同确定的条件下，它具有普遍有效性，能借助确定的概念、命题和推理来认识和掌握千变万化的客观事物。

逻辑思维主要有同一律、矛盾律、排中律和充足理由律四大规律。这些基本规律从不同角度表现了思维的确定性。

（1）同一律。它表示在同一思维过程中，每一词项、每一命题都必须是确定的，都必须与自身保持同一。公式表示为：A 是A，即 $A \rightarrow A$。

对象 A 在一定条件下是确定的，对稳定的对象 A 只能认为是 A，不能是其他，若把 A 认为是 B，那思维就不能保证确定而统一。违背同一律的最常见的逻辑错误就是偷换概念或论题，即有意识地违反同一律的要求，暗中用另外一个概念或论题代替原概念或论题。比如，"马是吃草的"，这个命题是正确的，但有人会反驳说："错，海马就不吃草。"在这里，反驳者将"马"的概念偷换成了"海马"，而事实上二者是不同类别的（海马不属于马）。或者反驳者说："死马不吃草。"在这里，反驳者将"马"换成了"死马"，立场不一致，同样是偷换概念，也违反了同一律。

一个命题是真的就是真的，是假的就是假的，不能随意变更，否则会造成思维混乱。遵守同一律就是要求保持其确定的内涵和外延。例如：所有无效合同都是没有法律约束力的，所有损害社会公共利益的合同都是无效合同，因此，所有损害社会公共利益的合同都是没有法律约束力的。

（2）矛盾律。矛盾律亦称不矛盾律。它通常被表述为 A 不是非 A，或 A 不能既是 B 又不是 B。要求在同一思维过程中，对同一对象不能同时做出两个矛盾的判断，即不能既肯定它又否定它。

在命题方面，矛盾律最经典的例子是"以子之矛，攻子之盾"，说明在同一思维过程中，两个互相否定的思想不能同真，必有一假。

矛盾律可以保证思维无矛盾性，即思维的前后一贯性，从而成为保证正确思维的必要前提。

（3）排中律。排中律的核心意思是在同一思维过程中，两个互相矛盾的思维不能同时都假，必有一真。其公式可表示为：A 或者非 A。也就是说，两个相矛盾的思维之外，没有第三种选择。

有这样一个案例：在古代某国有条法律规定，在处决死囚之前要抽签做最后的决定。方法是法官在两张纸上分别写上"生"和"死"，如果抽到"生"就可以得到赦免。有一次，一位大臣受到仇人的诬告，被判死刑。仇人不想让他有被赦免的机会，买通法官把"生"字换成了"死"。也就是说，大臣不管抽到哪个签都是"死"。一个朋友得知这一阴谋后，马上借探监的名义告诉了大臣。这位大臣是个聪明人，很快想到了对策，并对朋友说，不要把事情泄露出去。

到了最后决定处决大臣的时候，法官让他抽签。大臣抽到其中一个签后迅速塞进嘴里咽了下去。法官根据所剩的"死"签，只得赦免了大臣。因为，既然是两个签中一个是"生"、一个是"死"，剩下的是"死"，那么大臣抽中的必定是"生"。

排中律的意义在于保证思维的明确性。它要求在做出判断或发表意见时，断然抉择，对是非不能同时否定，含糊其词，对是与不是只能选择其一（当然，量子力学中的测不准定律除外）。

3. 推理种类与形式

（1）演绎。演绎是由普遍性的前提推出特殊性结论的推理。演绎推理主要有三段论、假言推理、选言推理、肯定式、否定式、肯定否定式、否定肯定式等形式。这里仅就三段论、假言推理做简单介绍。

三段论：指由两个简单判断做前提和一个简单判断做结论组成的推理。三段论中包含 3 个部分：一是大前提；二是小前提；三是结论。例如：共青团员应在工作中起带头作用，我是共青团员，所以应在工作中起带头作用。

三段演绎推理的特点在于，通过中项的媒介作用，把小项和大项联系起来，必然推出结论。

假言推理：根据假言命题的逻辑性质进行的推理。它还可分为充分条件假言推理、必要条件假言推理和充分必要条件假言推理 3 种。

①充分条件假言推理：根据充分条件假言命题的逻辑性质进行的推理。例如：如果谁患了肺炎，他就一定要发烧；小李没发烧，所以小李没患肺炎。

② 必要条件假言推理：根据必要条件假言命题的逻辑性质进行的推理。例如：只有年满 18 岁的公民，才有选举权；小周不到

18 岁，所以小周没有选举权。

　　③充分必要条件假言推理：根据充分必要条件假言命题的逻辑性质进行的推理。例如：一个数是偶数当且仅当它能被 2 整除；这个数不能被 2 整除，所以这个数不是偶数。

　　（2）归纳。归纳是由特殊的前提推出普遍性结论的推理。包括完全归纳法、不完全归纳法、简单枚举法、科学归纳法、契合法（求同法）、差异法（求异法）、共变法、剩余法等。

　　例如：有一位师傅带了两个徒弟。一天，他想考考他俩哪一个更聪明。他把两个徒弟叫到跟前说："你们每人拿一笸箩花生去剥皮，看看花生仁是否都有粉衣包着，看谁能先回答出我的问题。"大徒弟一听，端起笸箩就往家跑，饭也顾不得吃，急忙剥起来。二徒弟没像师兄那样着急，他不慌不忙地端着笸箩走回家。他先对着花生端详了一会儿，然后拣了几个大的，拣了几个小的，拣了几个两个仁的，又拣了几个一个仁的、三个仁的，总共也不过一把花生。他把几种不同类型的花生都剥了皮，发现无论大的、小的，还是一个仁的、两个仁的、三个仁的都有粉衣包着，就自言自语道："够了，我已经知道了。"大徒弟从早晨一直干到傍晚才把花生剥完，发现花生仁都有粉衣包着。他来不及歇口气，急忙跑去向师傅报告，却发现师弟早就到师傅那里了。

　　师傅见两个徒弟都来了，就说："二徒弟先到的，先回答我的问题吧！"二徒弟回答说："我选了几种花生，发现每种花生都有粉衣包着，所以知道所有花生的仁都有粉衣包着。"大徒弟听了恍然大悟，说："还是师弟比我聪明呀！"

　　二徒弟的思维方式从逻辑上讲就是分类归纳。从他列举的种类来看，又可称为不完全归纳推理（简单枚举推理）。归纳推理很常见，而且只要运用归纳推理就能得出结论。但这种推理很容易遇到陷阱，如偷换概念、夸大事实、无端猜测等。

（3）类比。类比是从特殊性前提推出特殊性结论的推理，也就是从一个对象的属性推出另一个对象也可能具有这种属性。包括演绎法、联言分解法、连锁推导法、综合归纳法等。

这里不是专门讲授逻辑知识，而是说明逻辑推理对我们提高思维能力的意义，让我们对逻辑推理思维有一个最基本的理解。要想提高逻辑推理思维能力，至少应从以下3个方面努力：

其一，进一步学习逻辑学知识。在学习中，逻辑的运用能够让我们在学习其他课程时更加轻松。

其二，必须有一定的知识基础，尽量多懂一些生活中的常理。

其三，有意识地进行逻辑问题的测试练习，以及逻辑趣味故事阅读。

二、系统性思维

人们的思维习惯导致在一般情况下考虑问题，都是只考虑一个问题。这个工具怎么用，这个人可不可以信任，这个店铺值多少钱……你把这个东西搞明白了，问题通常也就解决了。

这个思维习惯非常强大，以至于当我们面临的明明是很多问题的时候，也是从"一个问题"入手。我们常常把一群人或者一个组织默默地当作一个人。比如说"某班级学习氛围不好""这届学生不好带""敌军军心涣散"，其实都是在用一个东西代替整体。这种把什么事儿都归结于一个东西的思维，我们叫"线性思维"。线性思维很多时候是好使的。比如，现在突然爆发了一个传染病，那你最需要解决的就是这个病毒的问题，找到了病毒的抗体，问题就能解决。但很多现实的情况通常不是这样的。比如，让你组织一场联欢会，你要怎么做才能皆大欢喜呢？联欢会有限定的时间，限定的表演者，限定的表演种类，如小品、相声、歌舞、魔术；让谁出场，不让谁出场；哪个节目先出场，哪个节目后出场；哪个时间段观众会感到疲惫，你要选择哪个节目来调动观众的情绪；哪个节目可以用来压轴……这就是系统思维出场的时刻。

1. 什么是系统思维

所谓"系统"，就是一组互相关联的要素，一起朝着一个共同的功能或目的运行。而系统思维考虑的是很多个不同的要素，以及这些要素之间的关系。

贝塔朗菲创立了一般系统论，他把系统归结为 5 个特点：

（1）系统的整体性

系统是若干事物的集合，系统反映了客观事物的整体性，但又不简单地等同于整体。系统所具有的整体性是在一定组织结构基础上的整体性，要素以一定方式相互联系、相互作用而形成一定的结构，才具备系统的整体性。系统除了反映客观事物的整体之外，它还反映整体与部分、整体与层次、整体与结构、整体与环境的关系。要素的无组织的综合也可以成为整体，但是无组织状态不能成为系统。

（2）系统的有机关联性

系统是要素的有机集合，请注意"有机"两个字，系统的性质不是要素性质的总和，系统所遵循的规律也不是要素所遵循的规律的总和。存在于整体中的要素，都必定具有构成整体的相互关联的内在根据，所以要素只有在整体中才能体现其要素的意义，一旦失去构成整体的根据它就不成其为这个系统的要素。

就拿人体系统来说，人体系统就是五脏六腑及其经络肌肉筋脉的有机组合，系统内部有着严谨的相互关联性，各要素之间产生或抑制，或协调的关联作用。

（3）系统的动态性

系统的有机关联不是静态的而是动态的。系统的动态性包含两方面的意思，其一是系统内部的结构状况是随时间而变化的；其二是系统必定与外部环境存在着物质、能量和信息的交换。比如，生物体保持体内平衡的重要基础就是新陈代谢，如果新陈代谢停止就意味着生物体的死亡，这个作为生物体的系统就不复存在。

（4）系统的有序性

系统的结构、层次及其动态的方向性都表明系统具有有序性的特征。系统的存在必然表现为某种有序状态，系统越是趋向有序，它的组织程度越高，稳定性也越好。系统从有序走向无序，它的稳定性便随之降低。完全无序的状态就是系统的解体。

（5）系统的目的性

为了避免误解，也有人把它称为"预决性"。贝塔朗菲认为，系统的有序性是有一定方向的，即一个系统的发展方向不仅取决于偶然的实际状态，还取决于它自身所具有的、必然的方向性，这就是系统的目的性。

系统性思维里面，第一讲求的是要素与要素之间的"协同性"。多个系统构成元素共同操作完成同一个目标，这个时候最重要的就是建立协作机制，各部门互相有机配合，步调一致，建立一个协作系统。

第二，系统性思维讲求"平衡"。系统各要素之间，系统各要素的信息流动，都要达到一个动态的、良性的平衡。中医理论把人体与自然当作一个系统，特别讲究平衡，认为人与"自然"，也就是说，与四季气候变化是密切相关的，必须从环境、动静、饮食和心理四个方面来做好体内阴阳气血的平衡。

第三，系统性思维讲求把预期结果变成可操作性的方法步骤。当我们准备做一件事情或者想实现某个目标的时候，很多人都知道要把这个结果和目标进行拆解，分步骤分阶段实施。但为什么有的人能实现，有的人不能实现，这就是拆解后的可操作性的差距。只有更具系统性思维的人，才能够更好地把这种预期结果拆解成可操作性的方法步骤，确保能够有效完成，而很多人只是机械地列出步骤，根本无法操作，自然也就完不成目标。

事物是不断发展变化的，系统也是需要不断迭代更新的。所以培养和训练自己的系统性思维，还要有迭代思维，否则，就容易出问题。

《系统思维的艺术》一书中指出：有时候，系统存在的问题是系统子单元的目的可能会组合在一起从而产生所有人都不想看到的行为。比如，学校里进行重要的考试原本是出于好的目的，希望通过检测学生是否达到统一标准来确保他们都接受到严格的高素质教育。然而不幸的是，这样也导致了一些意想不到的负面行为。现在我们就来分析一下在该系统中存在的问题：

（1）基于考试成绩基础的评价及绩效工资使老师倍感压力，影响了他们工作的安全感。

（2）如果考试成绩不佳，学生会感到压力重重，要设法避免自己去上补习班，避免让老师和家长失望。

（3）学校希望取得最高的成绩等级来吸引优秀生源。

（4）父母想让孩子们取得高分，以最高的分数入学。

在该系统中，考试的重要性导致学校对教师施加了很大的压力，要求他们以考试为目的来授课，并根据学生的考试成绩进行评估。教师深感必须彼此竞争以取得高分，由此获得工作保障和加薪，因此他们不再互相交流和分享各自的想法。学生必须有足够的分数才能升学，或者避免上补习班，因此他们在考试中也可能会作弊。而这些行为全都违背了考试的初衷，所有人都认为出现这样的局面是非常糟糕和可怕的。不幸的是，如果这些子目的和系统的总目的不能取得一致，而且持续共存下去，那么整个系统将无法顺利运行。

2. 如何从线性思维转变为系统思维

从线性思维向系统思维转变的第一步是区分一件事物究竟是问题还是一个更深层次问题的症状。线性思维通常专注于症状，倾向于停留在表面来审视行为，而不是深入发掘找出真正的问题所在。

比如，当你头疼去找医生的时候，如果医生只是给你开止痛药而没有探究真正的病因，那么你的问题可能就不会得到解决。其实，如果只是纠结于症状而不触及问题的根源可能适得其反，使事情变得更糟糕，因为这样会出现意想不到的副作用。

如果一个人或一个组织更专注于寻找因果关系，并急切地想要用线性思维去解决问题，那么你会发现结果就像玩打鼹鼠游戏一样，问题层出不穷。除非更深层次的问题得到解决，否则相关的新问题会不断出现。例如，我们中学生要面对好几门功课，这几门功课里，有基础科目，有其他科目，有你擅长的，有你不喜欢的，有以背诵为主的，有以理解为主的，有两者相结合的，你学某一门学科的时间长，势必要缩短另一门学科的学习时间。如果你总根据各科测验成绩的高低来调整你学习每个科目的时间，哪里是短板补哪里，很可能就成了"打鼹鼠"游戏。但如果你利用系统思维来看，就会发现，每门课都有自己的特点，你对每门课都有某一方面的优劣势。比如，语文是基础科目，搞题海战术通常不会有明显提升效果，关键是靠多阅读；而数学则可以通过大量的练习提高成绩。其他科目也照此分析，如果再细分，你的哪一门科目的哪一个或几个知识点模糊，可有针对性地加强练习，其他掌握牢固的知识点则点到即止，缩短你的复习时间。总之，当你用系统思维，立体地看待几门功课，细化几门功课和自己的关系，你就能增强学习效果。

对每一个人而言，系统思维都并不容易。许多人发现当他们开始用这个角度看世界时，系统思维会有些松散无序。因为不知道自己建议的解决方案对系统及其组成部分会有什么样的影响，所以很多人犹豫不决而不敢采取行动，感到不知所措。请放心，这种惶惶不安的感觉是完全正常的。随着时间的推移，随着对系统行为更深层次的理解，这种感觉会逐渐缓解。

另外，尝试运用系统思维时，要注意以下几个问题：

（1）遇到问题不要只想着速战速决。在不完全了解问题的情况下草率行动，会适得其反。

（2）全部的线索和信息都收集好了，并不代表问题就可以自动解决。我们还要审视这些线索和信息，并愿意根据这些信息付诸行动。

（3）认识到系统的流动性是关键。比如，在苹果林里，苹果是储备。收获期结下的果实是流入，在采摘之前掉落、烂掉的苹果是流出。同理，在学习上，知识是储备。学到的新知识、理解后掌握的知识是流入，遗忘的、生疏了的知识是流出，要始终坚持流入的总量大于流出的总量。系统思维就是要懂得用动态的眼光看待复杂的问题。

（4）为了满足自己的需求，线性思维者提出的解决问题的方案总是一方输一方赢的方案，这是餐桌上的典型心态。如果你想多吃一份餐后甜点，那么你就会快速吃饭，这样就可以在别人吃完之前多吃一些。比如开运动会，同学们知道学校在物资供应上的预算资金有限，总是希望替自己的班级多争取一些资金，而系统思维从宏观角度出发，优化资源配置，提出的方案往往是双赢的。比如，可以几个班把资金统合起来，以批发价购入所需物品，再分派各班。

3. 系统思维的关键启示

系统思维对于看待我们自己和我们的学业、人际关系以及周围的世界来说是一个全新的方式，是更加传统的思维模式的一种转换，它能很好地帮助我们分析生活的方方面面，让我们认识到问题的核心，从而找到解决问题的最佳方法。

很多同学都问过自己这样一个问题："为什么学霸学习起来驾轻就熟，我学习就特别费劲？为什么学霸比我的学习时间短，但学习效率比我高？"我相信大部分同学的答案是"学霸比我聪明"。

如果我告诉你这可能是一个系统陷阱呢？

所谓系统陷阱，举个简单的例子，有名气、有实力的足球队往往有财力招收技术更好的球员，而球队增加技术更好的球员，获胜的机会就更大，从而能获得更多的报酬。这对强队是个良性循环，对弱队是个恶性循环。其实，这和我们的学习有类似的地方。学霸学习效率高，就有更多的时间阅读和学习其他技能，而阅读无形中又提升了他的智力，扩展了他的知识面，学习其他技能又增强了他的自信心和愉悦感，使他的学习效率更高。很多时候，很多学生课下再怎么努力，似乎都比不上把大量时间用在课外活动的学霸。

那么有没有什么方法可以追赶上甚至超越学霸呢？

有，那就是整体性学习。

所谓整体性学习，就是多角度看待知识，寻找知识间的联系，并变成自己的观点，让你记得更多，以熟悉的事物去认知陌生的事物。

传统学习者使用更多的是机械记忆，但我们没有计算机般的大脑，没法精确地复制信息，所以效率很低，而高效的学习者则善于将知识内在化。何谓内在化？它是指在脑海里把知识形成图像，要形成流程图、概念图等一系列动态图像，让知识互相关联，从而轻松地驾驭新的知识。

整体性学习基于3种主要观点：

（1）结构：就是某学科内一系列紧密的知识，每当学习一个新的概念时，都要和其他知识尽可能多地联系，就逐渐形成了结构。快速理解就是知识结构高级发达的结果，读经济学的学生可以很快地看完一本经济学书籍，而普通人则很难做到，因为前者的脑袋里已经有了这个科目的基本知识结构。数学好的人，是因为他可以很快地找到已知条件和未知量的关联，可以针对一道题想起相关的几个公式。

（2）模型：模型的作用是压缩信息。如果知识结构是一本书，模型就是目录。不管你在某个领域的知识有多少，都可以压缩成易于记忆的模型，用寥寥几句话就概括完。建立模型其实是变相要求你对结构要非常熟悉。

（3）高速公路：指结构与结构间的联系。如数学里小数和分数的联系，数学和物理之间的联系，语文和英语之间的联系，语文的阅读理解能力和理科应用题之间的联系，你所要学习的几门功课之间，都可以建立高速公路，互相联系，编成一张知识网络。

总之，适应了整体性学习，运用系统思维，你在学习上绝对可以事半功倍。

三、结构化思维

1. 结构化思维的概念

结构化思维，简单来说就是面对问题的时候，你可以通过某种结构，把它拆解成一个个你能解决的部分。

结构化思维就是一种从无序到有序的思考过程。

举个例子：200 毫升的水和 100 毫升的杯子。

你思考这样一个问题：如何能将 200 毫升的水装进 100 毫升的杯子里？

注意，问题的核心在于水的体积是杯子的两倍。

200 毫升的水装不进 100 毫升的杯子里的原因，无外乎有 3 个方面：杯子太小装不下了；水是液态的，会流动；外部环境因素，地球有重力。

因此，当你尝试着从这 3 个方面去寻找答案的时候，实际上就找到了这个问题的结构：水、杯子和外部环境。而且有了这个结构以后，你可能会发现，可以找到很多的解决方案。

（1）从杯子方面来分析：可以考虑换个像气球一样的杯子，

随着水倒进去，这个杯子就会变得越来越大；或者干脆用两个 100 毫升的杯子，总之，你所有的办法都是解决容积问题的。

（2）从水会流动这方面来分析：可以把水冻成冰柱，那么，哪怕是 300 毫升的水也可以放到杯子中去。

（3）从外部环境方面来分析：地球是有重力的，那就可以考虑把水和杯子拿到太空去，这时候水变成水球，再多也装得下。

这就是一个简单的用结构化思维来分析问题的过程。把问题拆解成 3 个方面，然后逐个分析得出结论。

如果之前你的思考是一条直线（问什么答什么），那么结构化思考就像是自上而下搭建一个框架，建立一个"先总后分"的主体化分析方式。如图 4.3 所示：

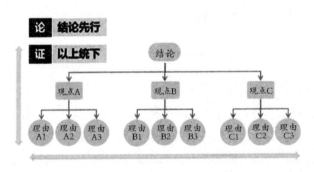

图 4.3　结构化思维示意图

从纵向上看，最顶端就是你需要解决的问题，下一层是支撑解决问题的不同方面，再下一层就是支持这些不同方面的原因，或者叫子理由。当然，你还可以不断地再往下拆解每一个子理由。

从横向上看，每一个层级的子理由也要符合结构化。也就是说，要通过归类分组的方式将信息排序和穷尽。

这被称之为金字塔结构图。金字塔结构图是结构化思维的核心。每次你在进行逻辑推演的时候，都可以尝试着使用这张图，把你的思维过程画下来。

2. 利用结构化思维可识别、筛选信息

在工作和生活中，我们面对大量的复杂信息时，就需要用结构化思维的方式来对信息进行高效识别和归纳整理。

这里有个非常重要的 MECE 法则，MECE 指的是 Mutually Exclusive Collectively Exhaustive，中文意思是"相互独立，完全穷尽"。也就是对于一个重大的议题，能够做到不重叠、不遗漏的分类，而且能够借此有效把握问题的核心，并解决问题。

MECE 法则有 5 种分类法：

（1）二分法。这个分类方式在日常生活中比较常见，其实就是把信息分成 A 和非 A 两个部分。比如，国内、国外，他人、自己，已婚、未婚，成年人、未成年人，收入、支出，专业、业余等。二分法看似简单，实际上很多时候我们容易在这上面犯错误。比如，街边的垃圾桶分为"干垃圾"和"可回收物"，这就犯了二分法的错误，让人无所适从。

（2）过程法，就是按照事情发展的时间、流程、程序，对信息进行逐一分类。

你在日常生活中制订的日程表、待办事项清单其实都属于过程分类。过程分类法特别适用于在对项目进展和阶段的汇报上。我们组织一场知识竞赛或者体育比赛时，也可用过程法这一分类法。

（3）要素法。根据选取的要素，对事物进行分类。比如，议论文的三要素是论点、论据、论证；小说有三要素：人物形象、故事情节、典型环境；写作有四要素：写作主体、写作客体、写作受体、写作载体。这种分类方法是用于说明事物的各个方面的特征的。

（4）公式法。也就是说，可以按照公式设计的要素去分类，只要公式成立，那这样的分类就符合 MECE 原则。比如，销售额＝单价 × 数量，这里就可以把销售额通过公式拆解成单价和数量。

（5）矩阵法。例如，我们在安排工作的时候，把工作分成以下 4 种：重要紧急，重要不紧急，不重要但紧急，不重要也不紧急。然后可以把它们填到 4 个象限当中去，这 4 个象限就是 2 × 2 矩阵。这种分类方式就叫作矩阵法。

MECE 的好处不仅仅是可以对全部信息进行归类整理，还在于对事物的构成要素进行 MECE 思考的时候，可以激发没有想到的点子，拓展思路。

3. 结构化思维让思考和表达更有效率

你有没有遇到过这样的情况：给别人讲了一件事情，对方听完后，一脸不解；或者有人给你讲了一件事情，你也一脸迷茫。表面上看起来是口头表达不清晰，但根本的原因是思考不够清晰，只有让思考清晰了，才能够表达清晰。

一个人的基本表达无论对生活还是对学习都有着至关重要的作用，那么想要做到让人听懂，表达其实是有套路的。套路简称为"论、证、类、比"4 个原则，接下来一一分析。

第一个原则，论，也就是结论先行。一次表达只支持一个思想，最好能够出现在开头，这叫结论先行。结论要具体，用数据和事实性的描述阐述清楚事物的状态。结论先行，有助于更清楚地表达和接收信息，尤其在信息量大的时候。

第二个原则，证，也就是以上统下。任何一个层次的要点都必须是它下一个层次要点的概括，直到最后一个层级的内容是客观事实或数据为止。

第三个原则，类，也就是归类分组。每一组要点必须属于同一个范畴。

第四个原则，比，也就是逻辑递进。每个要点都需要按照一定的逻辑顺序进行排列。

我们写议论文也常常根据以上原则，以论点为开头，层层论证结论，摆事实、讲道理，最后再强化论点。

黎甜在《结构化思维》一书中，这样写道："在普通学生眼里，作文纸就是密密麻麻的格子构成的；而在学霸眼里，这是五个段落构成的作文纸。"

学生写作文时，一般采用总分总结构，写完开头，一般就会写三个段落还详细解析开头那几句话的由来，然后再写上结尾，首尾呼应一下。只不过我们写了这么多次作文，很多同学在下笔时，是没有掌握这种结构思维，所以写作时总是不顺，常常落入无话可说的窘境。

其实，我们对结构化思维并不陌生，只不过没有将这种思维扩展到生活和学习的各方面而已。比如，我们中学的学生会组织结构的设置，就是结构化思维的体现；再比如，我们考试失利后，很多人都归结为一时的松懈、考试状态不佳、复习时漏掉一些知识点，可如果我们用结构化思维分析一下，继续追究一时松懈、状态不佳、漏掉知识点的原因，进行深度细致的思考，就能让我们更加准确地认识自己，同时查到日常学习时的盲点，绝对有助于我们日后的学习效率。

"结构化"思维是找规律、找逻辑的过程，是形成新的思维惯性、变成思维自觉的过程。在这里分享两个"结构化"练习的方法。一是多读高质量的议论文。我们身边应该有不少议论文的文章，看这些文章的时候，先只看标题，然后思考如果自己是作者，怎么来写论点，怎么来搭建结构，怎么来归纳和推演。想完之后，再看作者是如何谋篇布局，用了怎样的文字表达。比较两者的差异，锻炼自己的大脑。这是美国政治家富兰克林年轻时自创的写作方法，非常有效。二是多写文章。当脑海中有一个观点的时候，试着按照"结构化"的要求把它写出来，写作的过程既是理清思路、进行结构化思维训练的过程，也是遣词造句提高作文水平的过程。尤其是现在社会热点这么多，我们完全可以针对一个热点，提出自己的见解。如果你热衷表达，这样做不仅可以积累粉丝，获取一定的经济效益，还能锻炼自己解决问题的能力，因为当你遇到困难的时候，习惯用结构化思维分析，你会在很短的时间内找到解决之法。

结构性思维的确有诸多好处，但我们从传统惯性思维转变到结构性思维却不是一件容易的事。所以，我们练习结构性思维要有一定的密度，结构性思维的惯性才会比较快的形成。

四、创造性思维

创造性思维，是一种具有开创意义的思维活动，即开拓人类认识新领域、开创人类认识新成果的思维活动。创造性思维是相对于常规思维而言的，是指在客观需要的推动下，以所获得的信息和已储存的知识为基础，综合地运用各种思维方式，经过对各种信息、知识的匹配和组织，从中选出解决问题的最优方案，或者系统地加以综合，或者借助直觉、灵感等创造出新方法、新概念、新形象、新观点，使认识或实践取得突破性进展的思维过程。创造性思维具有以下特点：

其一，新颖性。它贵在创新，或者在思路的选择上，或者在思考的技巧上，或者在思维的结论上，具有独到之处，在前人、常人的基础上有新的见解、新的发现、新的突破，通过创新知识的运用，对原有的知识进行开发和创造。

其二，极大的灵活性。它无现成的思维方法、程序可循，人可以自由地、海阔天空地发挥想象力。

其三，随机性。它的对象多属"自在之物"，它的发生常伴随有"想象""直觉""灵感"等非逻辑、非规范的思维活动，而这些往往因人而异、因时而异、因事而异，因而具有极大的特殊性和随机性，他人无法完全模仿、模拟。

图4.4　与创造力相关的因素

人类的创新灵感源于积累而非灵光乍现，它往往要借助于发散思维、集中思维、逆向思维、联想思维等。

1. 发散思维

发散思维又称辐射思维、放射思维、扩散思维，是指大脑在思维时呈现扩散状态，以寻找更多解决方案的思维模式。它沿着各种不同的方向去思考，追求多样性，表现为思维视野广阔，呈现出多维发散状。

发散思维具有流畅性、可变通性、独创性、多感官性等特点。当然，其最本质的特点是一题多解。比如，有一个简单的数字游戏：怎样将以下4个数字通过四则运算使其结果等于24？

例一：3 5 8 9 = 24　　答案：$(8-5) \times 9 - 3 = 24$

例二：4 10 4 10 = 24　　答案：$(10 \times 10 - 4) \div 4 = 24$

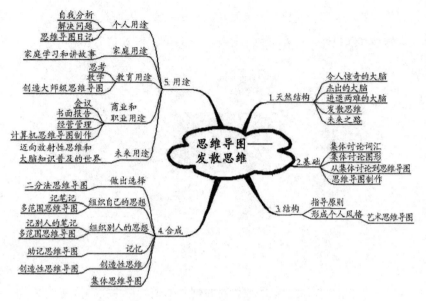

图4.5 发散思维导图在学习中的应用

人的发散思维能力可以通过锻炼而提高，其要点是：

其一，遇事要大胆地敞开思路，不要仅考虑实际不实际、可行不可行。"你考虑的可能性越多，也就越容易找到真正的诀窍。"

其二，大胆变通。比如，有个智力题：怎样将一块方形大蛋糕切5刀（只能切5刀），使其变成20块？这道题难倒了很多聪明人，一般人的思维都是考虑从正面切，却忽略了蛋糕是立体的，结果无论怎么切，都切不出20块来。其实转换一下思维，可以从正面切4刀切出10块，然后再拦腰切1刀。

变通性需要借助横向类比、跨域转化、触类旁通的方式，使发散思维沿着不同方面和方向扩散，表现出极其丰富的多样性和多面性。

其三，坚持思维的独特性。仅仅重复自己脑子里传统的或定型的东西是不会发散出独特性思维的。只有在思维时尽可能多地为自己提出一些"假如……""假设……""假定……"等难题，才能从新的角度思考自己或他人从未想到的东西。

2. 集中思维

集中思维也称辐辏思维、聚合思维、求同思维、收敛思维等，是指在解决问题的过程中，尽可能利用已有的知识和经验，把众多的信息和解题的可能性逐步引导到条理化的逻辑序列中，最终得出一个合乎逻辑规范的结论。

例如，一个地区的年降水量在 1 000 毫米左右，且集中在高温的夏季，冬季最冷月份的平均气温在 0℃ 以上，根据气温和降水的特点，可以判断出该地属于亚热带季风气候，而不属于温带季风气候或温带大陆性气候。

中国的诗词曲有着悠久的历史，其中不乏集中思维的体现。以马致远的《天净沙·秋思》为例，曲中共描写了 10 个景物：枯藤、老树、昏鸦、小桥、流水、人家、古道、西风、瘦马、夕阳。如果孤立地看，那么一点意境也没有，可是把它们集中构成一个整体，那就是一幅优美的风景画，这就是集中思维的作用。

集中思维的思维过程：集中→发散→再集中→再发散或释义，是与发散思维相对而言的，是从已知的种种信息中产生一个结论，从现成的众多材料中寻找一个答案。

集中思维是创造性思维的一个要素，具有 3 个特征：一是来自各方面的知识和信息都指向同一问题；二是其最终只会得出一种答案，而不是多种；三是和发散思维相比，集中思维的操作更多依赖逻辑方法，也具有更多理性因素，因而结论一般较为严谨。

3. 逆向思维

逆向思维也叫求异思维，是对司空见惯的、似乎已成定论的事物或观点反过来思考的一种思维方式。哲学研究表明，任何事物都包括对立的两个方面，这两个方面又相互依存于一个统一体中。人们在认识事物的过程中，实际上是同时与其正反两个方面打交道，只不过人们习惯于沿着事物发展的正方向去思考问题并寻求解决办法，而忽视了相反的一方面。如果逆转习惯性思路，从反面想问题，便可能得出一些创新性的设想。

丹麦的物理学家发现通电导体周围产生磁场，即电生滋；法拉第心想电生磁，磁可不可以生电呢，他几经努力，多次实验，终于发现电磁感应定律。法拉第这一研究成果，就是运用逆向思维方法的一个经典案例。

逆向思维是从相反的方向去思考同一个对象、同一个问题。换言之，当你想肯定什么的时候，不妨想想能否定什么；当你站在甲的立场上考虑问题时，不妨再站在与甲对立的乙的立场上考虑问题，这样或许可以得到新的启示，得出新的结论。

某时装店的经理不小心将一条高档呢裙烧了一个洞，如果用织补法补救，也只是蒙混过关、欺骗顾客。这位经理突发奇想，干脆在小洞的周围又挖了许多小洞，并做了精致的修饰，将其命名为"凤尾裙"，一下子销路顿开，该时装商店也出了名。

逆向思维具有以下两个特点：

其一，普遍性。逆向思维适用于各种领域、各种活动。由于对立统一规律是普遍的，而对立统一的形式又是多种多样的，有一种对立统一的形式，相应地就有一种逆向思维的角度，因此，逆向思维也有无限种形式。比如，性质上对立的两极转换：明与暗、软与硬、高与低等；形状、结构、位置上的互换、颠倒：大与小、长与短、上与下、左与右等；过程上的逆转：气态变液态或液态变气态、电转为磁或磁转为电等。不论哪种方式，只要从一个方面想到与之相对立的另一方面，就成为批判性逆向思维。

其二，新颖性。循规蹈矩的思维和按传统方式解决问题虽然简单，但容易使思路僵化、刻板。不摆脱习惯的束缚，得到的往往是一些司空见惯的答案。其实，无论是在学习中还是在生活中，逆向思维都会给我们带来意外的惊喜，运用逆向思维去思考和处理问题，实际上就是以新破旧、以"出奇"达到"制胜"，事情的结果常常会让我们喜出望外。

逆向思维是与正向思维比较而言的，正向是指常规的、常识的、公认的或习惯的想法与做法。逆向思维则恰恰相反，是对传统的反叛，对常规的突破。运用逆向思维能够克服思维定式，破除由经验和习惯造成的僵化的认知模式。

4. 联想思维

联想思维是指在人脑的记忆表象系统中由于某种诱因而使不

同表象发生联系的一种思维活动，也就是由某一事物联想到另一事物的思维过程。它是运用概念的语义、属性的衍生和意义的相似来激发创新思维的方法。

除了创新外，联想思维还可以帮助我们唤醒过去的记忆。在生活中，很多事物、概念或现象往往相伴出现，或在某些方面表现出某种相似关系。久而久之，它们会被人脑以一种特定的记忆模式接受，并以特定的记忆表象结构储存。一旦以后再遇到其中一项事物时，人脑就会自动搜寻过去已确定的联系，从而马上联想到其他事物、概念或现象。因此，它是打开沉睡在头脑深处记忆闸门的最佳钥匙。

按亚里士多德的 3 个联想定律——接近律、相似律与矛盾律，我们可以把联想分为相近、相似和相反 3 种类型。

（1）相近联想。这是指由一个事物或现象的刺激而想到与它在时间或空间上相近的事物或现象的联想。门捷列夫发现元素周期表后对未知元素位置的判断，卢瑟福研究原子核时提出质量与质子相同的中性粒子的存在……这些都是相近联想的运用。

（2）相似联想。这是指由一个事物或现象的刺激而想到与它在外形、颜色、声音、结构、功能和原理等方面有相似之处的其他事物或现象的联想。

世界上纷繁复杂的事物之间是存在联系的，这些不仅仅是与时间和空间的联系，还有很大一部分是属性的联系。例如，学习中的"高原现象"与企业成长阶段的"瓶颈"；从一棵挺拔的松树联想到站岗的哨兵；从洗澡池放水时经常出现的旋涡联想到地球磁场磁力线的运行方向；从豆角蔓的盘旋上升联想到天体的运行方向；从木头浮在水面上、铁块在水中沉没联想到浮力，联想到船；从偶然看到的事物的不连续性联想到量子；从运动、质量、引力联想到时空弯曲等。

联想思维属于发散思维。它突破了线性思维的定式，超越了形象思维的模仿和拷贝，直接把触角伸向了未知领域，从而产生新的发现、新的发明，找到了新的途径。随着社会实践的深入，人们对事物之间的相似性认识得越来越多，极大地扩展了科学技术的探索领域，解决了大量过去无法解决的复杂问题。利用相似联想，首先要在头脑中储存大量事物的"相似块"，然后从相似事物之间获得启发和借鉴。由于相似关系可以把两个表面上相差很远的事物联系在一起，普通人一般不容易想到，因此相似联想往往具有较强的创新性。

（3）相反联想。这是指由一个事物、现象的刺激而想到与它在时间、空间或属性上相反的事物或现象的联想。例如，由黑暗想到光明，由放大想到缩小等。这种联想主要在于强化对两个事物对立关系的感受与理解，给人留下鲜明的印象。例如，"朱门酒肉臭，路有冻死骨。""陶尽门前土，屋上无片瓦。十指不沾泥，鳞鳞居大厦。"再如，闻一多的《死水》，诗人从破铜烂铁联想到翡翠、桃花，从油腻、霉菌想到了罗绮、云霞，这种强烈的反差体现了诗人在逆境中的乐观精神。

相近联想只想到时空相近的一面，而不易想到时空相反的一面；相似联想往往只想到事物相同的一面，而不易想到相对立的一面；相反联想弥补了前两者的缺陷，使人的联想更加丰富。同

图4.6　清华大学中文系教授、新月派代表诗人闻一多

时，由于人们往往习惯于看到正面而忽视反面，因而相反联想将使人的联想更加多彩，更富于创新性。

创造性思维具有极大的灵活性。它没有现成的思维方法、程序可循，人们可以自由地、海阔天空地发挥想象，从而提高认识能力，并为实践活动开辟新的局面。那么，如何提高创造性思维能力呢？

其一，及时记录整理灵感、思考和发现。新奇的想法被人们称为灵光乍现，可灵感往往转瞬即逝，因此必须把它及时记录下来，"书面化的思考更便于利用"。而且，这种凭直觉而来的思想，会比坐着主动推理得出的想法更有创意。把思维活动的结果保存下来，是真正的智力节约。

有时候，灵感只是一些思维的某一片段。但如果你能一点点积累，终有一天，它会成为一个绝妙的创意，或者一个独到的发现。许多时候，灵感是在你深入思考某一问题后的一种顿悟。比如，有些人说，写文章需要有灵感，没有灵感的时候就不动笔。可是很多时候，灵感却是在你落笔时突然出现的，也就是说，灵感不是想出来的，而是写出来的。

我们将灵感、思考和发现记录下来后，还要用专门的时间进行归纳总结。这样你才能更清楚哪些是真正有创造性意义的。

其二，每天做一点不同的事情，哪怕是玩一些益智类、探险类的游戏。因为创造性思维还与情感有密切关系。如果思维者能够想办法激发兴趣，产生激情，把信息情绪化，赋予信息感情色彩，就会提高创造性思维的速度与效果，而玩游戏可以开发思维。平时要养成不管做什么事情、看什么问题，都会积极摸索和探究的好习惯，以提高自己的创造性思维能力。

其三，增强问题意识，有意识地观察、欣赏一些新奇的事物。寻找不同点，通过不同事物的特点来寻找规律，找到合适的方向。生活中善于观察的人们，更容易取得成功。只有在观察中才能寻找到问题，在新的问题中不断地摸索才能求得创新。

其四，提高想象力。想象力不完全是天生的，后天的训练也能提升我们的想象力。而且只有经常锻炼，才能保持丰富的想象力。锻炼想象力的方法很多，这里我们介绍一种通过文字展开想象的方法。我们可以翻开书本，从诗歌、文章中找一些意向丰富的内容，如"日月之行，若出其中。星汉灿烂，若出其里"，在心中默念几遍，想象文中的画面，将其映在你的脑海里，就好像影视回放，直到你仿佛身临其境。如此反复可以提升你的想象力，也可以提升记忆力。

　　创造性思维能够使我们跳出固有的思维定式，看清事物的本质，利用掌握的知识创造出新的事物、制订新的解决方案等。没有创造性思维，我们哪怕掌握再多基础理论知识，也无法发挥其最大能量。可以说，创造性思维是我们前进道路上的引路人。

五、批判性思维

1. 批判性思维在批判什么

在亚特兰大，50 多个居民因为信奉印度大师希拉·拉坦·马内克的劝诫而用双眼凝视太阳，马内克告诉他们，通过这样的练习人们可以补充能量并能拥有清晰的思想。但具有眼科知识的专业人士或者拥有批判性思维能力的人会告诉你，这样做更有可能伤害你的眼睛。

前几年，江西财经职业学院几个刚毕业的大学生创立了一个"爱婴思坦国际早教中心"，定位于从事 0–6 岁婴幼儿早期教育，提供学习课程和多元化智能宝宝玩具，自称"将欧美开放式早教思维同传统的儒家思想相结合，打造最适合中国宝宝的教学方式，并为每一个宝宝制定独一无二的天才成长计划"。这样的理念固然是好，但是只要做一个简单的换位思考，问题就显而易见：几个 20 多岁的大学生，既不是幼儿教育领域的专家泰斗，又没有当过父母，也缺乏一线多年实际幼教经验，人家凭什么相信你们？所以早教中心很快就开办不下去了。

这两个案例看似风马牛不相及，但却有一个共同点，那就是两个事件的当事人都缺乏批判性思维。

现在社会充斥着各种虚假信息，同时充斥着各种似是而非的观点，如果我们缺乏批判性思维，很容易被牵着鼻子走，充当"键盘侠"。拿生活中最普通一种"朋友圈卖东西"现象来举例，有人直接说"我不喜欢看到有人在朋友圈卖东西"，这是一种个人观点，但如果有人号召"我们所有人都要抵制这种在朋友圈卖东西的现象"，这时候你就要思考一下了，是不是真的没有人受益，不能随着别人做情绪性的附和，他更不应该盲目下论断，至少要拿出数据和事实来说明这件事弊大于利，或者拿出证据有多少比例的人感到困扰。不能凭着个人感受做偏见性的鼓动，片面以为自己不喜欢的事物，所有人都不喜欢。

批判性思维是指对他人或自己的观点、做法或思维过程进行评价、质疑、矫正，并通过分析、比较、综合，进而达到对事物本质更为准确和全面的认识的一种思维活动。

人是很容易受暗示、受诱惑的一种生物，没有批判性思维的人，会任凭各种诱惑摆布，轻易受情感、贪欲、盲从、偏见等的干扰；而有批判性思维的人善于提出问题，独立分析问题，寻找解答方法，形成自己的意见，做出决定，形成结论。批判性思维真正批判的是人类思维的盲点。我们在第二章中提过，我们的大脑有缺陷，批判性思维就是通过理性思考的方式，寻找我们思维和行为的漏洞，想办法纠正偏差和错误。

美国教育资助委员会的大学学习评估（CLA）项目具体罗列了很多批判性思维的重要技能，如率先掌握这些技能，你就能脱颖而出。这些技能为：

你善于：

□ 判断信息是否恰当

☐ 区分理性的断言与情感的断言

☐ 区别事实与观点

☐ 识别证据的不足

☐ 洞察他人论证的陷阱和漏洞

☐ 独立分析数据或信息

☐ 识别论证的逻辑错误

☐ 发现信息和其来源之间的联系

☐ 处理矛盾的、不充分的、模糊的信息

☐ 基于数据而不是观点建立令人信服的论证

☐ 选择支持力强的数据

☐ 避免言过其实的结论

☐ 识别证据的漏洞并建议收集其他信息

☐ 知道问题往往没有明确答案或唯一解决办法

☐ 提出替代方案并在决策时予以考虑

☐ 采取行动时考虑所有利益相关的主体

☐ 清楚地表达论证及其语境

☐ 精准地运用证据为论证辩护

☐ 符合逻辑地组织复杂的论证

☐ 展开论证时避免无关因素

☐ 有序地呈现增强说服力的证据

批判性思维是一种辨别是非、独立思考的能力。从生活方面来说，批判性思维能让我们避免上当受骗、被人利用；从学习方面来说，它能让我们保持清醒头脑，思路缜密，在考试中取得好成绩。

2. 用批判性思维大胆质疑

对于中小学生来说，传统的学习方式大多是老师先提出问题，学生围绕老师的思路分析问题，处于"服从"状态，没有疑问，也不需要提问，只需记下老师给出的标准答案。这样就失去了自主思考的机会，对学生而言是很不利的。亚里士多德有句名言："思维是从疑问和惊奇开始的。"有疑问才会提出各种假想，有假想才能最终顿悟真理。批判性思维讲究思维的独立性，须经过独立思考与辨别，才能得出自己的结论。

学贵在"疑"，小疑则小进，大疑则大进。这里我们不得不提到质疑思维。那么，什么是质疑思维？质疑思维是指创新主体在原有事物的条件下，通过"为什么""是否能"的提问，综合应用多种思维改变原有条件而产生新事物（新观念、新方案）的思维。质疑思维最核心的特征就是它的疑问性，具体体现为问"为什么"；表现最明显、最活跃的是它的探索性，不达目的不罢休；最宝贵的是它的求实性。

图 4.7　我国著名地质学家李四光雕像

质疑是人类的天性，是培育和探索未知世界的摇篮。从一些科学家的故事中我们可以发现，他们从小好奇心都特别强。地质学家李四光小时候常常一个人靠着家乡的一些来历不明的石头出奇地遐想，好奇地自问：为什么这里会出现这些孤零零的巨石？经过考证，他纠正了国外学者断定中国没有第四纪冰川的错误理论。当所有国外专家断定中国是"贫油国"时，他又坚定地站出来否认，笃定我国有大油田。瓦特观察水壶，问蒸汽为什么能顶起壶盖，于是，他研究蒸汽动力，后来改良了蒸汽机。伽利略看天花板上来回摇摆的灯，问为什么吊灯会这样摆动，由此研究出锤摆的规律，也就有了后来的钟表。巴甫洛夫因对狗流涎好奇而质疑，创立了高级神经活动学说……只要找到问题的切入点，并有一种开发、挖掘的欲望，就找到了发现问题、提出问题的钥匙。大千世界纷繁复杂，大到宇宙，小到基本粒子，新的问题、新的方法、新的观点和新的流派层出不穷，但是人的生活空间却是有限或单一的，二者的巨大反差造成了人类认知世界的大片盲区。人们对某些问题的怀疑实属正常现象，人类社会的文明正是在不断质疑、求知、获解的过程中积淀下来的。

　　更令人惊奇的是，某些问题被提出来后，人们虽然经过数个世纪的研究都没能得到答案，但在解决这些问题的过程中，有人闯入新的领域，破解了许多新的难题。1621年，数学家费马提出了求不定方程 $x^n + y^n = z^n$ 的整数解的疑难问题。无数数学家试图证明费马生前没有验证的这道难题，300多年后，依然无人能够证明它。但是，这期间人们为了解这道题创造了不少新颖的数学方法：库默尔创建了理想数论；慕尼黑大学29岁的数学讲师法尔廷斯完成了"莫德尔猜想"的证明，推动了数论的研究……人们常说，提出一个问题，有时比解决这个问题本身的意义还重大。善于质疑的人极富自信心，能通过自己的智力思维让自信心得到升华，为成功埋下基石。每个人的大脑中都蕴藏着大自然赋予的质疑能力。从这个意义上说，一个人如果能最大限度地释放出自己的质疑潜能，就能成为一个大有作为的人。

3. 如何培养批判性思维能力

任何人都可以培养批判性思维技能，关键问题是如何去做。你可以考虑以下几种技巧。

（1）提出有意义的问题。

伏尔泰曾说："要通过一个人的问题而不是答案来评判他。"事实上，提出有意义的问题是一个非常重要的技能。很多时候，摆在你面前的难题只是另一个难题的表征而已。提出正确的问题，能帮助你抓住重要问题的核心。比如，哲学上的"夺命三连击"——"我是谁？我从哪里来？我要到哪里去？"至今困扰着我们每一个人。正如《提问力》中讲到的，提问之于他人是交流，之于自己是内省，之于学习是内化。多提问，提出有意义的问题，会让你从多重角度处理问题，进而扩展你的思维。爱提问，是一个人积极成长的重要标志。

（2）对别人告诉你的话或信息不要全信。

这里不是让你疑神疑鬼，而是让你对收到的信息做一个独立的判断：①说话的人是谁，是名人、权威专家，还是朋友、亲人……他的话重要吗？②他说了什么，说的是事实还是观点？事实是可以被证实的，观点是不需要证实的。③他是在哪里说的，是在公共场所还是私底下？④他是事前说的、事中说的，还是事后说的？一般事前说的可信度高，事后说推卸责任的可能性大。⑤

说话的人动机是什么，是为了美化还是丑化人或事？

（3）做研究。

批判性思维需要大量的信息。虽然信息有时是碎片式的，需要花费时间和精力，但有助于你打破固有观念和单一思维的束缚。

当你有需要解决的问题或需要做出决定时，一定要做调查研究，询问周围人的看法，咨询专家的意见，收集不同的观点，阅读关于这个主题的书籍等。直到你有了一个更好的理解和把握，你才能为将来做好准备。

（4）永远不要认为你一定是对的。

我们都希望自己是对的，而且自然而然地，我们认为自己大多数时候都是对的。为什么不呢？我们很自然地倾向于把自己放在最好的位置上。虽然这种感觉是好的，但也正是这种感觉让我们走上了错误的道路。

批判性思维需要自我反省和自我监控，有时，我们不得不承认我们错了。以这种方式思考可以让我们接受其他的观点，还能帮助我们发展同理心和对其他人的理解。

如果你的思维方式是把别人的想法和你自己的想法进行比较，那么你就没有真正地进行思考。这也不是批判性思维。

（5）在日常生活中用上批判性思维。

只懂得纸上谈兵并非真知，将这种能力活学活用才会熟能生巧。

例如，你打开电视，看到一则促销高价抗衰老面霜的广告，一个模特用了这种产品之后，脸部状态呈现明显的年轻化。这是令许多人兴奋的事情。最重要的是，这种面霜能让你看起来年轻

10 到 20 岁。

你以前听说过这种产品吗？如果没有，那这款新产品为什么这么火呢？也可以说，这款产品所属的公司聘请了一位更年轻的模特来推广这款产品，老的模样是经过化妆故意扮老的，年轻的样子是她的本来面目。这意味着这款面霜很可能是假的，被过度炒作了。

批判性思维可以让你认清眼前的所有选项，然后权衡利弊，做出最合适的选择。面对问题时，我们常常受到误导，误认为自己只有单一选项，殊不知其他选项就在眼前。

批判性思维不是一天两天就能培养出来的，需要不断地对自己的思维进行批判，建立、推翻，再建立、再推翻，经过反反复复加强后，才能形成独立的批判性思维。

第五章
快速提升情商的具体方法

    有研究证明，与情绪智力对应的脑区有别于与智力对应的脑区。这表明大脑有独特的神经中枢支配情绪智力，情绪智力有别于学业智力，也有别于人格特征。青少年不能把高情商和处事圆滑联想在一起，很多时候，高情商只是让你在面对生活，面对你想做的事情，面对挫折和不良情绪的时候，做出正确的选择。

一、自控力

调查显示，世界 500 强的高层管理人员几乎都是高情商的人，确切地说，占到高效能人士的90%。高情商的特点之一就是自控力——这是一种通过让你集中注意力并走上正轨而释放巨大工作效率的技巧。

自控力，可以通俗地理解为控制自己的注意力、情绪和欲望的能力。自控力对我们的生活所产生的影响是无可比拟的，我们的身体健康、心智水平、人际关系和事业发展等无不受到自控力的引导。然而，许多人明显地意识到自己的自控力非常薄弱，对大多数人而言，理性地控制自己只是一时的行为，而力不从心或者失控却是经常出现的。

心理学家利兰·布雷德福曾说："一个有意锻炼自己并提升自己自控力的人，将会获得无比巨大的力量。这种力量不仅能够完全控制一个人的精神世界，而且能够使人的心理发展水平达到前所未有的高度，让一个人得到以前从未想过能拥有的智慧、天赋和能力。所有那些一直以来不为人们所发现的东西其实就存在于人的自身，自控力就是那把能够开启人的观察力和征服力之门的钥匙。"然而，自控力的本质是意志力的消耗，没有意志力，也就谈不上自控力。

尤其对青少年来说，当他们面对游戏、影视等娱乐活动的强烈轰炸，学习任务又极其繁重的时候，自控力就面临严重挑战。而意志力，是自控力的起点，也是自控力的终点。提升自控力，先从提高意志力开始。

1. 如何提高意志力

想要提高意志力，就需要了解意志力有哪些特点和规律。

佛罗里达州立大学的心理学家罗伊·鲍迈斯特，为了系统地观察和测量意志力的极限，在 10 多年里做了一系列实验。我们来看一个比较典型的实验。

研究人员找来一些还没有吃午饭有些饥饿的学生，在每个人面前放两盘食物，一盘是香甜可口的巧克力饼干，另一盘是胡萝卜。之后研究人员告诉第一组学生想吃哪个就吃哪个，告诉第二组学生，如果饿的话只能吃胡萝卜，不能吃饼干。

实验一开始，第一组学生就拿起饼干开始大嚼起来，而只能吃胡萝卜的第二组学生大多一脸苦相，控制着自己不吃眼前美味的饼干，这简直就是一种煎熬。研究人员通过监控观察到，有一名第二组只能吃胡萝卜的学生拿起一块饼干，闻了一会儿，又不舍地放回了盘子里。这足以证明，在这个过程中，只能吃胡萝卜的第二组学生调动了自己的意志力，而可以吃饼干的第一组学生则没有这种感觉，他们的表情相当放松和愉快。

15 分钟后，研究人员给两组学生出了同样的"一笔画"谜题（实际上无解）让他们解答。这样的题目解不出来又没有成就感，要完全靠意志力坚持做下去。

大家猜哪一组学生会在这个任务中坚持的时间长？是刚才没有进行自我控制的第一组，还是只能吃萝卜已经进行了自我控制的第二组？

实验结果是，已经进行了自我控制、要忍耐住巧克力饼干的诱惑、只能吃胡萝卜的第二组学生，在后面任务中坚持的时间远远低于第一组，他们平均只坚持了 8 分钟就放弃了；而可以吃饼干的第一组学生，则平均坚持了 16 分钟。

这个实验说明，意志力会随着使用而减少。前边在抵抗巧克力饼干诱惑的时候，消耗了一部分意志力，后面的任务可以用的意志力储备就会减少。

根据这一系列的实验，鲍迈斯特提出了意志力的肌肉能量模型：意志力就像肌肉一样，它的能量是有极限的，会随着使用而减少，会有疲惫感，使得做后面任务的自控力资源不足；同样，意志力也像肌肉一样，是可以锻炼的。

根据这一理论，我们就能理解，为什么很多孩子多次下决心在课堂上专心听讲 40 分钟，却常常做不到；为什么每天刚开始做作业的时候效率还行，但到后边越来越坚持不住。我们会说孩子的注意力不够集中，可再往深层挖掘，主要还是因为他的意志力资源跟不上了。我们前面提到的用积极暗示来增强意志力的方法在这种情况下可以使用，但效果有限。

这个意志力的肌肉能量模型让我们了解自控力原理，所以要合理分配意志力资源。一般在中学阶段，我们要把意志力精准地用在重要的学习任务上，"好钢用在刀刃上"。至于其他方面，如饮食等生活习惯方面，只要在合理的范围内，就可依照自己的情况，放松一些对自我的要求。

2. 有效管控负面情绪

在第三章的内容中，我们提到过负面情绪。在我们现在面临各种压力的生活中，负面情绪产生的频率高得惊人。我们要深究内心产生负面情绪的原因，才能根据第三章提到的转化负面情绪的方法，适时调节好情绪，保持心理健康。久世浩司写的《抗压力——逆境重生法则》中明确提到，人的心灵深处都住着"思维定式犬"，所谓思维定式，就是由于经验和知识造成的对事物的固有看法，而这些看法很可能存在偏见，也就是俗话说的"有色眼镜"。

比如，"愤怒"的情绪来自"权力受侵害"的思维定式，"不安""忧虑""恐惧"等情绪来自"将来会受到威胁"的思维定式，"悲伤"与"受损"的思维定式有关，"失望"是"希望落空"思维定式产生的情绪，"内疚""罪恶感"产生于"我侵害了别人权利"的思维定式，"难为情"来自"我无法赢得他人赞同"的思维定式。

每个人的心灵深处都住着"思维定式犬"。这些"思维定式犬"引起我们心中的负面情绪。

批评犬，"都怪他们"，引起愤怒、不满；

正义犬，"这不公平"，引起厌恶、愤慨、嫉妒；

投降犬，"我没用"，引起悲哀、郁闷；

放弃犬，"做不好"，引起不安、郁闷、无奈；

忧虑犬，"我不会"，引起不安、恐惧；

内疚犬，"是我不好"，引起罪恶感、内疚感；

冷漠犬，"无所谓"，引起疲惫感。

对"思维定式犬"有 3 个处理方法：

驱逐，如果你认为它反复吠叫的内容不正确，最好将它驱逐。

接纳，如果你认为它吠叫的内容十分符合心意，就接纳它。

训练，这是使用最多的办法，这只"思维定式犬"吠叫的内容可能有些正确有些错误，这时候我们就要想办法驯服它。

每个人都有自己训练"思维定式犬"的方法，没有适合所有人的固定方式。比如，有的人爱批评别人，他心里住的"批评犬"的叫声就比较大；有的人自卑，心里那只"忧虑犬"和"内疚犬"就会很活跃。最关键的在于，我们每个人要有自我意识，判断出心里哪只犬叫得比较厉害，然后尽量调节自己的思想和行为。

在《抗压力——逆境重生法则》一书中，作者举了一个例子，日本某公司的一位高层管理人员将"思维定式犬"的内容记录成卡片，摆在工作的桌子上，每当感到压力大或心情不好时，便推测到底是哪只"思维定式犬"在吠叫。这样一来，不管叫声多么烦人，心情都不会像以前那么压抑烦躁，反倒淡定了很多，也不再对部下乱发脾气了，不仅受到部下的拥戴，而且自己对自己也感到满意。

其实，注意到"思维定式犬"的存在，已经是很大的进步了。大部分人从来没有注意到"思维定式犬"的存在，而误以为那就是自己真正的心声，其实那只不过是心里的一只狗在乱叫而已。在这里，要提醒大家，你自身不是"思维定式犬"，你不是思维本身，而是拥有和观察"思维定式犬"的人。

当你注意到"思维定式犬"在控制你的思想和行为时，就已经拉开了和它们的距离。如果再根据自己的情况，用实际、合理、灵活的方式驯服它们，你自然就能有效管控自己的负面情绪，成为一个自控力强的人。

3. 为什么我们会成为自控力的失败者？

我们在第一节中提到，真正的自控力，无论对于谁，都是一种有限而稀缺的宝贵资源。在一定时间内，每个人的意志力都是极其有限的，我们可以做的就是善用它，把它用在效率最高、真正有价值的事情和改变上。

那么意志力到底怎么用才能效率最大化呢？

心理学告诉我们，那些意志力极其坚定的人，更多的是因为创建了一条宽广、坚固的神经通道，这条神经大道一旦修整完毕，所有的坚持和不屈就实现了自动化，只需耗费极少或者完全无须耗费宝贵的自控力资源，即可维持运转。

因此，好钢要用在刀刃上，宝贵的自控力资源，我们也要把它用在一项项好的习惯、一个个真正有价值的项目启动阶段。

因为最有自控力的人，往往是在培养习惯，通过习惯建立强大的神经通道。

哈佛大学 TAL 博士在刚上大学的前两年，是狂热的壁球运动员，他每天很早起床去跑步，然后准时到壁球馆，与教练常规训练 3 个小时。几年如一日，风雨无阻。每次有人见到他，都露出惊羡的表情，夸他"具有不可思议的自控力"。对此，TAL 博士觉得非常惊讶，因为每天的锻炼，对于他，甚至对于所有的运动员，都是一种例行公事，用他的话说，"就是一种本能，一种自动化操作"。

但是，被夸得多了，他也以为自己真的有超凡的意志力。直到有一次，当他结束壁球决赛，打算投入到一项新的学习中去时，却发现所谓的超凡意志力突然失效了。

这时，他不再打壁球，每天有很多自由时间用于学校新课程的学习和作业。但是，他发现自己的效率低了，而且也无法坚持。说好的超凡自控力呢，为什么这时候不起作用了？为此，他非常困惑。

作为哈佛大学学霸，他决定深入研究，研读大量关于自控力的资料，终于找到了原因。那就是，之前作为壁球运动员时的"高自律"只是培养了一种习惯，一种例行公事。当习惯养成，当例行公事建立时，根本无须自控力。

因此，一切的关键是花时间去建立"例行公事"。这也是真正耗费较多自控力资源的地方。

于是，他尝试每天定时学习，用有限的意志力重新培养一种新的"例行公事"。果不其然，事实证明，当他终于完成这个新"例行公事"的建立后，几乎不费吹灰之力，他再次成为众人口中那个"具有超凡自控力的人"。

现在你知道了这个关于自控力的重要秘密。更重要的是，需要将那些你所珍视、对你真正有价值的事项找出来，然后用有限的自控力培养它们，让它们成为生命中的"例行公事"。

说起来容易，做起来难。到底怎么做才能让自控力内化为习惯，从而改变自我呢？

（1）自控的第一步是学会放弃控制。

你有没有这样的经历：减肥时要控制饮食，但你一旦想着"我再也不吃夜宵了"，瞬间满脑子全是好吃的夜宵，对各种夜宵的欲望加倍强烈，恨不得立马去吃。晚上躺在床上玩手机的时候，脑子里想着"我不能再拖延了，我要马上睡觉"，但越想越觉得自己动不了。心情不好时，你对自己说"我一定要控制好自己的情绪，不要对别人乱发脾气"，可是往往越想越暴躁，指不定谁就成了出气筒。

这种现象在心理学上叫作"讽刺性反弹"，就是当人们试着不去想某件事时，反而会比没有控制自己的思维时想得更多。所以越是压制，越是压不住。

自控力也是一样，越是刻意控制，越是从心底反抗。解决办法就是接受这些欲望，但要理性地控制自己的行为。

（2）使用镜像思维，培养你的"社会脑"。

我们大脑中都有"镜像神经元"，它的小名叫作"社会脑"。它主要有 3 个功能：①无意识的模仿；②传染情绪；③容易被他人诱惑。

通过这些功能的字面意思，相信大家也很清楚了，就是所谓的近朱者赤、近墨者黑。如果想要自己的自控力变强，那就需要找一个标杆、竞争对手、学习榜样来潜意识模仿，让你更清楚地看到什么是自控力，自控力如何实施，在实施过程中，不断调整适合自己的自控力方法。

（3）规律的生活方式有利于提升自控力。

纽约州立大学奥尔巴尼分校的心理学家选取了 292 名大学本科生，他们都在校医那里接受了心理测评，以考察他们在大学阶段的生活状态。

在另一份调查问卷中，参与者要对他们在童年时期和青春期参加各种活动的规律性做出评价，如就餐时间、睡眠习惯、与家人和朋友相处的时间和对课外活动的参与度等。分析结果显示，小时候生活习惯有规律的人成年后对时间的管理能力强，他们能把学习、运动和打工活动安排得井然有序、互不冲突；此外，他们也不容易有注意力方面的问题，如分心、空想和做白日梦等。

但是不管以前如何，只要现在想要强化自己的自控力，那就让"规律"成为你生活的主旋律，氛围营造得越是有规律，自控力越是有发挥的土壤。

二、焦虑和害羞是高情商的敌人

1. 抵抗焦虑

（1）青少年焦虑的严重性。

在前面已经讲过控制负面情绪的方法，但是由于青少年正处在生理和心理未成熟的特殊阶段，他们的情绪体验非常不稳定，容易饱受消极情绪的困扰而无法自我开解。

2013 年，多伦多教育局，加拿大最大的教育机构，发布了对2011 至 2012 年学生的调查，这是加拿大有史以来进行的最大规模的调查，并且是首次关注了焦虑的发生率。多伦多所有七年级到十二年级的学生，总数在 103000 人以上，90% 的学生参加了调查，他们的调查结果震惊了全国。

七、八年级中超过一半的学生报告说，他们会没有任何原因而觉得疲惫，而注意力集中有困难的学生占 56%；40% 的七、八年级学生和 66% 的九至十二年级学生的报告说压力很大。最令人担心的是，63% 的七、八年级学生和 72% 的高中学生表示，他们经常或总是感到紧张或焦虑。

在调查中，许多学生从来没有体验过"平静"，但并不在意这种状况。他们经常不能准确地知道自己的感觉到底是什么，也不能解释为什么感觉不好，但他们会失眠。调查者还看到越来越多的问题少年，他们不会控制愤怒，甚至还会伤害别人，伤害自己。

那么中国的青少年状况是怎样的呢？有调查者按照随机抽样原则，在昆明五华实验中学、昆明市第十中学、云南大学、云南师范大学等7所学校的15个班级中随机抽取了212名学生进行调查。结果发现，有5.19%的学生焦虑水平达到了焦虑症，需要进行治疗；有14%的人患有神经衰弱症；从总体来看，有近乎69%的青少年焦虑状况高于中国自评焦虑的标准常模。结论是大多数青少年的焦虑状况得分偏高。

从某种程度上讲，所有青少年都会遇到成长中的问题，这是因为从童年到成年的过渡期的变化对孩子能量的需求是巨大的。青少年需要从以父母为主的调节方式转换到同伴相互调节和自我调节阶段。而在这个阶段，青少年面临巨大的学业压力和社会压力。

近年来的研究表明，青少年对于"负面情绪线索"（皱眉、痛苦的表情、尖锐的声音）有高度敏感性。更有甚者，他们倾向于把人际交往的信号看成是负面的。在情绪测试中，他们会把中性的、温和的表情看成是对他们有威胁性的。这导致他们的人际交往能力越来越差，变得越来越孤独，甚至越来越偏激。

（2）怎样走出焦虑。

第一，要多去参加社团活动。音乐、戏剧社团，甚至野营活动，都是非常有恢复效果的。最有益的方式是以小团体的方式进行活动，这是因为有一种演化上的动态过程在发挥作用。早期的人类生活在100～200人的聚落里（包含所有年龄层），因此，青少年聚在一起玩、旅行或狩猎时，他们的人数不会太多，这是使他们感到安全的一个关键因素。

但现在的中学环境，有几百个同年龄的孩子，全校或许有几千人，这足以让青少年感觉不到自己的存在，反而陷入"群体性孤独"。而青少年为了共同目标而开展的小团体活动，除了自己有收获和满足感之外，往往还能赢得周围人的尊重甚至羡慕的眼光。这样的社会认同感，是青少年安全感的来源。

第二，压力的最大危害是青少年自己对压力的看法而非压力本身。美国的一位心理学家发现，我们对压力的思维模式才是影响压力结果的主要因素。换句话说，压力只有在我们认为它有害的时候，才是有害的。假设你马上要进行一场演讲，此时距离你上场有10分钟的时间，你坐立不安，心跳加速，背得滚瓜烂熟的稿子也记不起来了。这个时候，如果你能告诉自己："我之所以会出现这些反应，是因为身体在向我输送能量，我这是兴奋，而不是紧张。这种反应能让我在接下来的演讲中表现得更出色。"这种行为能够帮我们缓解焦虑。相信压力有正面作用的人，能最大限度地控制住焦虑的情绪。

第三，嫉妒是焦虑的帮凶。嫉妒心，我们每个人都有，但是理性的嫉妒能给我们提供动力，而非理性的嫉妒则是我们焦虑的病根。非理性嫉妒形成的标志，是猴王心理和报复心理的结合。你认为自己才是小团体的"猴王"，是一号人物，一旦团体中出现另一个同样优秀的成员，你会想尽办法对其打压，这时候你就变得焦虑了。这种现象最容易出现在青少年当中。嫉妒导致的焦虑会让我们丢失最初的目标，也会阻碍我们获得成就感。戒掉这种嫉妒心导致的焦虑：一要强化自己的目标，永远记得自己的目标是进步而不是打压别人；二要罗列自己的优势，认清自己，矫正焦虑心理。

第四，不要过于争强好胜，有时候输赢没有那么重要。心理学认为，争强好胜是一种防御心理，会引起一系列生理上的反应。当人们过于争强好胜时，大脑会使我们的整个身体都进入紧张的战备状态，这会引发血液对血管及心脑的冲击，严重者甚至会导致血管破裂、心脑血管病的病发，所以放松心态，树立正确的竞争观。

第五，多锻炼，焦虑的时候跑跑步。运动可以让身体产生内啡肽，极大地缓解焦虑水平。有跑步经验的人都知道，跑步的时候，大脑是放空的，跑步后身体疲累了，精神反而健康了很多。前面提到的哈佛大学 TAL 博士是个天生容易焦虑的人，即使当了多年的老师，在讲课前还是会焦虑，他对抗焦虑的方法，就是每天早晨去跑跑步。

2. 克服害羞

（1）人为什么会害羞？

实验室中，一群五六岁的孩子在玩肥皂泡。

孩子们玩得很专注，有的高兴得大叫，有的追着五光十色的肥皂泡跑来跑去。突然一个头戴骷髅面具的人出现在他们面前，孩子们的反应各不相同，有的孩子更加兴奋，试图把泡泡吹向恐怖的骷髅头；有的孩子悄悄躲在门后观察眼前的一切；有的孩子则被吓得大哭……

这是心理学家事先设定好的实验，所有孩子的表现都被记录下来。心理学家试图通过这些反应来回答一个问题：为什么有的人喜欢追求新鲜事物，有的人却更习惯于墨守成规？

很多人都认为这里面一定埋藏了一个关于害羞的秘密。害羞的人总是容易眼光躲闪，神情不自然，易于选择离人们远一点的地方，不喜欢新鲜的东西。

实验结果也证明，那些对新环境抱有抵触情绪的人，更愿意将自己的想法埋在内心深处，他们在今后的生活中更容易产生紧张和消极的情绪。

心理学家们把害羞归为人类性情正常范围内的一部分，但实际上那些因为害羞而极力逃避社会的人，对害羞的正常范围却不是这么认为的。

通过一系列的大脑扫描和行为研究，心理学家们逐渐发现，害羞是一种非常复杂的状态。当我们在面对陌生人的时候，首先发生在自己身上的事情就是害羞，这种害羞情绪可能盖过了紧张也盖过了对陌生人那种半信半疑的态度和焦虑。

害羞的人对面部表情的判断能力相对较弱，他们始终难以解读出那些愤怒和毫无感情的面部照片。可以说他们不太善于"察言观色"，那些写在脸上的情感交流的信号对他们的作用太小，因而他们的社交能力不强。

（2）害羞的不同阶段。

在《不再害羞》这本书中，斯坦福大学菲利普·津巴多教授的团队对近万人进行了害羞调查。在接受调查的人中，超过80%的人表示，在他们的生命历程中，曾经经历过害羞，或正在体验害羞，甚至是经常感到害羞。在接受调查的人中，超过40%的人认为他们现在是害羞的。这意味着我们每遇到 10 个人，就会有 4 个人正在体验、经历害羞。

害羞还是一种心理障碍，是一种社交焦虑症。你可能想象不到，它还具有同最严重的身体缺陷一样的致残性，而且它带来的后果可能是毁灭性的。

害羞的人很难接触别人、结交朋友或是享受可能很美好的经历。

害羞的人无法维护自己的权利，不能表达自己的观点和价值观。

害羞会唤起人本能的警觉性，使人过分关注外界对自己的反应。

尽管不能对害羞下一个准确的定义，但我们可以通过观察害羞对不同的人产生的不同影响，揭示害羞这种复杂的心理现象。对于在基础人际交往方面存在困难的害羞者而言，无论是与人交谈、在众人面前演讲，还是从容地举办一次正式晚宴，都是巨大的挑战。

在书中，津巴多教授把害羞分为 3 个不同的状态：中度害羞状态、严重害羞状态和最严重害羞状态。

其实，大多数害羞者在害羞这一范畴中都处于中间状态。他们在特定场合下与特定人相处时，会有一种被胁迫感和力不从心的感觉。这种不适足以扰乱他们的社会生活，阻碍他们的行为，使他们表达困难，不能说想说的话、做想做的事，而这些人害羞的原因是缺乏社会技巧或对自己没信心。有些人严重缺乏正确处理人际关系的基本社会技能，他们不知道如何引起话题，或如何在课堂上提问。因为缺乏自信，有些人即使知道正确答案也不会举手回答问题。同样，一些聪明的人也会因为没有自信而错失良机。

当一个人的害羞走到极端状态，可能会表现为因为无法抑制对他人的害怕而感到习惯性害羞。无论何时，只要在众人面前做事，他们就会极端畏惧，无可救药地被焦虑控制，以至于唯一的选择就是躲避和逃跑。这种极端害羞的表现不只会出现在学生和年轻人身上，不会随着年龄的增长而自动减弱或消失。

而那些处在最严重的害羞状态的人，他们的害羞可能会转化为神经衰弱，这种精神瘫痪的后果是抑郁。

对于以上这些处于害羞各个阶段的人而言，害羞是个重要问题。它不是只有一点点烦人，也不是小小的混乱，而是一个真正的严重的问题。

（3）怎样克服害羞心理？

如果你不想在社会生活中永远做一个配角，想要克服害羞，提高社会适应力，可从以下几个方面做起。

①写日记，找到害羞的根源。

写日记是既省事又有效的治疗方法，我们远比别人更了解自己，记下自己的想法和恐惧心理，找到根源，再想办法克服。

②假想一个不害羞的你。

津巴多教授说："假设自己是在一部戏里演个角色，局促不安的感觉就会消失，毕竟这不是真的上台演戏，只是扮演一个角色罢了。"

③做好准备。

假如要去参加生日聚会，最好先弄清楚与会人都有哪些，大致的性格和喜好是什么，到时候交谈起来就会得心应手。

④改变身体语言。

心理学家亚瑟・华斯麦说："羞怯的人往往不知不觉地表现出冷淡退缩，总希望别人知道他们惊慌害怕，可是别人很难收到这种信息，反而把这种身体语言视为冷漠自负的表现，因而离得远远的，使羞怯的人更没有安全感。"

"所有的技巧当中，"华斯麦说，"简单的身体语言变化具有立即可见的惊人效果。"他列出了一些能够表露热情的身体语言信号：微笑，开放的姿态（不要紧抱双臂），上身略微前倾，肢体接触（如握手），眼神接触，点头（表示你在注意听而且了解对方的谈话）。"只要对周围的人表露出这种平易近人的形象，就会获得友好、善意的回应，对陌生人的害怕也就没有了。"

⑤吐露隐忧。

容易羞怯的人最怕的是亲人、朋友甚至医生都不把他们的问题当一回事。心理学专家柯伯恩建议去找"安全的人"，这种人不会介意你害羞——莫找那些叫你不要钻牛角尖的人。"你所需要的，是愿意听你诉说心中恐惧，但不会贸然下判断的人。"

⑥做最坏的打算。

美国洛杉矶加州大学的保罗・包恩医生让病人在有同样问题的人面前谈自己最深的恐惧。譬如，有人怕演讲，其他人就会向他提问："你的羞怯来自何处？""小时候就有人讥笑我。""最糟糕的情况能坏到哪里去？""他们会讥笑我！""结果你会怎么样？""要么跟他们一起笑，要么永远不去向那群人讲演。"

由此可见，即使是最坏的结果，也远不如你想象的那么坏。倒是有种恐惧心理往往伴随羞怯出现，在生理上表现为：出汗，声音发抖，脸红。然而研究显示，这些征候远不如害羞者所担心的那样会引起旁人的注意。

　　尽管克服害羞需要一定的时间，但只要你坚持按照这些方法努力去做，你就一定能成为一个自信而豁达的人，能接触到更广阔的世界。

三、维护好人际关系

1. 从建立良好的沟通开始

（1）现在的人们普遍存在不同程度的沟通障碍。

《高效沟通的艺术》一书中提到，有一项研究调查了人们想要拥有哪种超能力，结果显示读心术和时空穿越是人们最想拥有的能力。想拥有读心术的人数是想拥有飞行能力的人数的 2 倍，也几乎是想拥有隐身术的人数的 3 倍。我们对这样的调查结果可以一笑置之，但是这反映了一个严肃的问题：完全理解他人是一个不可能达到的目标，人们把它看成一种超能力。

也许你认为你不必知道每个人的想法，只要知道你的同事、同学和朋友中谁喜欢你，谁不喜欢你，谁了解你，你和谁在一起感到高兴，谁是你避之不及的人，这就够了。事实上，在现实生活中，我们的判断并不是很准确。

进一步的研究表明，在判断谁喜欢我们，谁愿意和我们一起参加活动，或者招聘者是不是真的欣赏我们在应聘过程中的表现等事情上，我们的判断比胡乱猜测强不了多少。

你认为可能非常喜欢你的人也许内心对你有很深的厌恶之情，只不过他（她）学会了如何隐藏自己的真实情感，因为如果表露了真实情感就违背了社会规则。而你认为不喜欢你的人可能真的喜欢你，他们只是觉得害羞，将喜欢你这样的私人情感表现出来会没有安全感。

有关机构以武汉某中学（高中部）学生为调查对象，采取问卷调查、个人访谈、个案分析、数据分析等方法，发放三类问卷共 1000 份，其中学生问卷 800 份，教师问卷 100 份，家长问卷 100 份。共回收问卷 994 份。调查学生多为独生子女，男生略多于女生，多生活在双亲家庭，多来自市郊，大多有交流 QQ 群，而被调查的学生将近一半没有知心朋友。

在"最喜欢沟通的人"方面，母亲、同学占有显著优势，分别为 36.3%、25.6%，教师、父亲与前者差异明显，分别占比为 16.3%、6.1%，差距近 20 个百分点。网友占比为 13.7%，竟然超过父亲一倍以上。

高中生在喜欢的沟通方式中，面谈是第一选择，占 35.6%。除此以外，高中生也喜欢利用电话、书信、网络进行沟通，这一比例分别占 26.4%、16.7%、10.2%。就男女生差异而言，男生更倾向于选择面谈，其比例占 41.2%，远远大于女生的 29.9%。女生则更倾向于选择使用书信交谈。由此，可推测出在沟通上女生比男生更加害羞，倾向于选择间接交流方式。

在沟通途径中，在校时学生与教师都更倾向于选择在课余彼此交流，占 41.8%。无论是教师还是学生都不乐意班会时进行沟通。学生还倾向于选择个别谈话和课堂教学时与教师沟通，占 29.2% 和 23.5%。

问卷显示，高中生与父母、教师、同学、社会的沟通存在不同程度的障碍。这一状况直接影响了高中生的心理、情感、道德、人格的正常成长和发育。高中生人际沟通现状令人担忧，而更严重的是缺乏沟通技巧。在当前的大环境下，各种娱乐消遣方式充斥在人们的周围，高中生甚至成年人都更乐于沉浸在虚幻的娱乐世界里不受打扰，而不愿意在人际交往上花时间。

现在的人们多在现实中独处，在网络游戏里社交。很多游戏公司设置游戏，最受欢迎的往往是多人合作游戏，因为这会让人释放更多的多巴胺，让人产生难以置信的满足感。就这个问题的研究恰恰表明：唯一让人感到真正幸福、有意义的，最终还是良好的人际关系。

（2）沟通是我们保持心理健康的必需品。

沟通专家罗伯特·博尔顿认为，80%的人在职场中失败的原因在于无法建立有效的人际关系。换句话说，他们的沟通无法达到应有的效果。

现在人们掌控对话的能力正陷入一场危机。肤浅、无聊、无意义的谈话充斥着这个科技发达世界的每一个角落。现在人们发朋友圈、发头条，发视频，同时也在看别人的朋友圈、头条、视频，在这海量的信息中，在这不停的表达中，人们没有变得更丰富，更博学，更有见识，反而进入了信息茧房。所谓的"信息茧房"是指人们关注的信息领域会习惯性地被自己的兴趣所引导，从而将自己的生活桎梏于像蚕茧一般的"茧房"中的现象。如今的现实是，在社群内的交流更加高效的同时，社群之间的沟通并不见得一定会比信息匮乏的时代更加顺畅和有效。当人们习惯了在虚幻空间里交流，相对的，解决面部表情或理解肢体动作这样的基本社交能力就会变得越来越差。而社交能力差，不仅会让我们有强烈的孤独感，还会因为无法解读周围人的语言或肢体动作而引发焦虑。

就和我们的大脑会走捷径产生认知偏差一个道理，当我们不习惯沟通时，一旦我们在社会生活中与人交往，就容易犯错，不知道和人说话的边界在哪里，不知道怎么结交新朋友，不知道在产生误会后怎么补救，然后我们又退回到自己的小世界里。可我们或者说全体人类的天性是倾向于沟通的。在人类进化的漫长年代里，是沟通让人类产生了比别种动物更高一级的智慧。换句话说，我们为什么要倡导沟通，是因为沟通能让我们保持心理健康。那为什么沟通能让我们保持心理健康，而孤独不能，是因为在人类的基因里，本就倾向于群居，倾向于沟通。

下面有21道问题，是针对科技进步引起人类社交能力不断下降的不同领域所设计的。认真思考下面的每一个问题，坦诚地回答"是"或"不是"。

①和人说话的时候，你是不是很难与他人进行眼神交流？

②你是不是很难解读他人的情感变化或肢体语言的意义？

③别人会不会很难理解你或者不能理解你的感受？

④是不是有人经常说你看起来有些心不在焉？

⑤是不是有人经常问你怎么了？

⑥当亲戚、朋友拥抱你的时候有没有觉得不自在？

⑦与陌生人见面握手的时候有没有感觉很尴尬？

⑧有没有觉得很难向别人寻求建议？

⑨有没有觉得很难承认错误？

⑩在众人面前表达自己的观点很困难吗？

⑪有没有为了不让别人失望而做自己不想做的事？

⑫坦诚地表达自己的情感对你来说很困难吗？

⑬当别人细致描述自己的感受时，你会感到没兴趣吗？

⑭把别人的需要和感受放在你的感受之上，你会觉得很容易吗？

⑮当你的朋友让你产生负面情绪的时候，你是选择正视这些朋友，还是远离他们？

⑯当亲戚、朋友与你谈到他们遇到的问题时，你会觉得你与他们之间有距离感吗？

⑰与你在乎的人谈论感情会不自在吗？

⑱你觉得鼓励别人很困难吗？

⑲你的出现会使别人高兴吗？

⑳别人能理解你的愿望吗？他们会按你的意愿去做事吗？

㉑你有没有让自己的行为风格发生过变化，这些变化能影响其他人吗？

所有这些问题涉及非语言沟通的方方面面：自我形象、共情能力、倾听、解决冲突和领导才能。如果前18道题中，你有一个答案是"是"，或最后3道题中有一个答案是"否"，那么你就需要从今天起重视你的社交能力。

一项大型研究甚至揭示，健康的友情关系和亲情关系是幸福唯一的因素，但是如果没有健康的人际关系，其他都没有意义。

心理学家尼古拉斯·埃普利对坐火车去芝加哥上班的人做了一项实验。首先，他让受访者想象一下，以下哪种方式会使旅途更加愉快：a. 独自坐在座位上，享受安静；b. 和身边的人聊天；c. 平时在火车上做什么还做什么。他们的回答令人惊讶：最让人难受的是不得不和身边的人聊天。接着，他让受访者选择：a. 独自坐在座位上；b. 和身边的人聊天；c. 平时做什么还做什么。猜猜最后哪些人的旅途最愉快？当然是那些和身边的陌生人聊天的人。

2. 高情商就是会说话

很多人都认为说话是一门技术，蔡康永的《说话之道》里写道："把说话练好，是很划算的事。"在《诗词大会》舞台上，有一位只读过四年书，却十分热爱诗词的农民大叔参加比赛，大叔很紧张。董卿说：即便您答错了，那也是这个现场里，一个最美丽的错误，因为那诗啊，就像荒漠里的一点绿色，始终带给他一些希望，一些渴求，用有限的水浇它，慢慢慢慢地破土，再生长，一直到今天。一句话就完全消除了大叔的紧张。

其实，我们青少年没有那么多机会在公众场合发言，我们沟通、交际，主要体现在日常聊天上。会聊天的人往往能营造一个快乐、热闹的氛围，能有非常良好的人际关系。

那怎么才能做到会聊天？

首先，聊天要分对象，至少你要有生人和熟人两套聊天系统。和熟人聊天，自然可以随意一些，可以天南海北地聊，即使突然沉默下来，也不用觉得尴尬而硬找话题，但切忌乱发脾气和过多的抱怨。和陌生人聊天，就需要有边界感，不要急着探听对方的情况和经历，可以先从当下的热点时事或当下热播的影视节目谈起。聊天过程中，要善于倾听对方，表现出对对方话题的关注和兴趣，另外，不要强行聊天，如果聊天得不到对方的呼应和配合，就干脆什么也别说。

其次，赞美别人时要具体地赞美，不要流于形式。

日常生活中，我们常常用"你真漂亮""你真好""你真棒"等来表达对一个人的赞美，但这些语言无法真正打动人，别人只会觉得你说的都是客套话。那如何才能恰当地赞美一个人，让你夸到别人的心坎里呢？

分享给大家一个简单的方法：FFC 赞美法。

Feeling：感受，说出对方带给你的感受；

Fact：事实，讲述感受的事实依据；

Compare：对比，创造有别于其他（或之前）的差异化对比。

运用这个方法的好处在于：别人会准确感知到是因为哪些方面让你有了那样的感受。同时，有了比对，让对方觉得这份夸奖是特殊的，仅针对于他个人。

不过，并不是所有好听的话都能打动人。如果你的赞美不切实际，那么也会给人不真诚的感觉，这样的赞美不仅达不到预期效果，反而会让人觉得你浮夸，不实际。

另外，说一句题外话，在赞美别人的同时，也要大方接受别人对你的赞美。对于中国人而言，谦虚是一种美德，别人在夸奖我们的时候，我们的回答基本都是"哪里哪里""见笑了"之类的话。其实，我们完全可以大方地接受赞美，无须猜测别人是真心还是假意。接受赞美，再回以赞美对方的话，往往能让我们更有自信，更有底气面对外部世界。

第三，培养一两个小爱好，把它当做聊天的话题。

阅读、美食、音乐、电影、历史……你对任何一方面多一些较为深入的了解，在和别人聊天时都有话可说，而且能让你更有自信，更健谈。每个人都有自己的兴趣爱好，即使一个再沉默寡言的人，只要与人谈起他的兴趣爱好，他也会口若悬河。如何和人初次认识，你还不知道他的兴趣爱好是什么，先谈谈你自己的兴趣爱好，抛砖引玉，也能引起别人聊天的兴趣。

第四，聊天时，别只顾自己，也要给对方留足聊天的空间。

蔡康永在《说话之道》中提到，要做别人贴心的朋友，有一个最高原则："尽量别让自己说出'我'字。"听起来很容易，但你可以试试看，跟朋友聊天十分钟，不要说出"我"字。你会发现这十分钟里面，本来不断说着"我昨天……""我觉得……""我买了……"这些句子的自己，忽然变成一个不断把话题丢给对方、让对方畅所欲言的人！

当谈到某个自己感兴趣的话题时，我们难免滔滔不绝，但在话说完时，一定要记得把话题抛给对方。

第五，聊天中不要怕问问题，更要懂得问问题。

因为每个人的知识结构都不一样，聊天时当朋友说起某个你难以理解的内容，学会及时去询问，不要不懂装懂，否则当朋友向你寻求建议的时候，你说不出所以然来，会被对方误会。另外，聊天时，我们要懂得问问题。

蔡康永曾说，问的问题越具体，回答的人越省力。回答的人越省力，他就越有力气和你聊下去。他提到这样一个例子，如果你问"你喜欢去什么样的国家旅行？"，不如问"旅行时有被骗过钱吗？"他认为，问问题，最好有"退路"，也就是说，就算对方回答"没有被骗过钱"的时候，你自己应该也有些相关的有趣的事可以讲，要不然，你的问题就应该是其他你有话可说的题目。如果你也没被骗过钱，那你比较适合改问："你旅行时会乱买东西"或"有没有搭错车过"等等你自己也有故事可说的题目。

他建议的发问方式，可以是先问两三个像是非题或选择题的具体问题，把对方有兴趣聊的范围给摸索出来，再用申论题往下问。

蔡康永是出了名的会聊天的人，这是他的经验之谈，我们青少年不妨照这个原则多多练习。

3. 高情商的社交技巧

（1）不要试图得到所有人的喜欢，做真实的自己。

《高效沟通的艺术》中提到，从一般心理来说，我们都希望得到他人的喜欢，想成为一个对我们至关重要的群体中的一员。这是一种生存机制。然而，现实是你一定会遇到不喜欢你的人，不喜欢你做的事的人，或者想要改变你的人，人们会在背后说你的坏话。

从理性的角度分析，不是所有人都喜欢你，也不是世界末日，但从情感上接受这件事可能要难得多。我们有一个坏习惯，那就是我们的自信是建立在别人给我们的特定反应上的，这使得我们很容易去寻找我们想要的反应。我们调整自己的行为，希望取悦尽可能多的人。我们努力做到友善，即便如此，我们很快就会发现，当取悦了原先不喜欢我们的人时，原先喜欢我们的人很可能离我们远去。

其实，大多数人都喜欢和坚持自己观点的人在一起，不管别人是否同意他的观点。如果我们不再总是试图满足自己被人欣赏的需求和被喜欢的欲望，我们的谈话将会更有价值，更令人兴奋，因为我们在展示真实的自己，有自己独立的个性和态度。

当我们展示真实的自己时，会出现更多的负面形象，不过也不要太担心，因为其他人更关注的是他们自己。心理学研究表明，我们对所有常见的情绪都采用同样的错误推理：我们认为自己总体上比其他人更情绪化。原因很简单，我们考虑自己的时候更多。即使我们被鼓励去考虑他人，注意力也还是集中在自己身上。就像天才作家戴维·福斯特·华莱士所写："当你意识到别人很少考虑你的时候，你就会变得不那么在意别人怎么看你了。"

当我们可能花了很大一部分时间去想别人希望我们说什么，成为什么样的人，或者做什么的时候，突然又要摆脱别人的意见和思想是很困难的，同时也需要一定的勇气和时间。然而当我们处在一个领导别人的位置（如组织一场野营，或者组织一次公益交流活动）时，就必须表明自己不会受到他人评判的影响，否则我们会因大家意见不同而无所适从。事实上，那些有自己独特目标、独立思想的人，才是大家愿意追随的人。

当我们以这种方式获得独立时，将不仅能感受到获得的力量，也会让我们更有创造力，因为我们不用在赞同别人的观点之前，用别人的看法来衡量自己的想法。19世纪初，德国哲学家黑格尔指出做自己和获得个人成功间的联系："独立于公众舆论是成就伟业的第一个正式条件。"

（2）敞开心扉，表现自己的软弱。

《高效沟通的艺术》一书中指出，良好的沟通与脆弱密切相关。我们中的大多数人都忽略了这个重要的组成部分，因为我们把脆弱和弱点联系在一起。我们认为脆弱会暴露弱点，这让我们害怕。但实际情况恰恰相反：在他人面前有勇气示弱会让彼此的关系变得更加亲密。这倒不是因为暴露了自己的弱点，而是因为我们展示了真实的自己。

但我们总是不愿意在别人面前随便展现自己的缺点，认为将自己的缺点展现起来不但留给大家不好的印象，还可能会遭到欺负或嘲笑，我们的自尊心会受到打击，但事实并不是如此。

美国作者丹尼尔.科伊尔在《极度成功》一书中提到，隐藏自己的脆弱，才是真正心理脆弱的表现，作者认为学会将自己的脆弱表现出来才更有利于个人发展和团队合作。

人本能地更喜欢真实的事物，而真实的事物往往是不完美的。事实上，大部分人对很完美的人或事都存有戒心。而那些勇于展示脆弱的人往往更容易成为一个群体最受欢迎的几个人之一，因为他们往往更放松，和这样的人相处，也相对没有压力，不需要担心"冒犯"，也不容易觉得自卑，让其他人有了空间和许可去同样地保持脆弱。

事实上，当我们在展示脆弱的时候，能有效降低别人的心理防御点，让别人自然而然的放下戒备，增加信任度。

我们通常会尊重那些勇于示弱的人，因为我们知道示弱需要多大的勇气。因此脆弱等于勇气，勇气绝不是弱点。

示弱也意味着勇于犯错误。有些人认为，一个好的领导者在以往的生活中会有许多成功的经验，但实际上，并没有人是那样的。美国第十六任总统林肯和中国民主革命的伟大先驱孙中山先生，都经历过多次重大的失败。

一个失败过几次的领导人会更鼓舞人心，这听起来似乎有违常理，但实际的研究结果却支持这一理论，这被称为经验。强者和弱者犯过同样多的错误，区别是强者承认错误，并从中吸取经验，这是自身强大起来的方式。就像托德在电影《永不放手的小刀》中所说："我想也许我们每个人都会摔倒，也许我们都会这样，这并不是问题。问题是我们能否重新站起来。"

一个从没失败过的人，是会放弃成长的。

（3）不要轻易责备他人。

在人际关系中，我们很多生气、愤怒、抱怨的背后，都有指责的影子。那这种思维的源头是什么呢？

源头是：从个体的角度看自我。

关系至少是涉及两个人的，当人际关系出现了问题，从个体的角度看，我们往往会把自己从关系中割裂出来。这时，很自然地会把问题归罪于关系，我们会认为关系中的另一方就是问题的制造者。如果从关系的角度看，这并不是哪个人的问题，而是关系各方互相连动，造成了这样的局面。

比如：

这是一个爱控制的妈妈，所以孩子和丈夫对她都有意见。

如果从关系的角度看，我们就会看到，丈夫和孩子做了什么，让妈妈这么爱控制，以至于丈夫和孩子对她有意见。如果把人从关系中割裂开看，就会产生连锁反应。首先，它会让你有因果思维，让你认为是一个人做了什么事，才让另外一个人有了这样的反应。因为妈妈控制，所以老公和孩子才对她有意见，才想要反抗她。因果思维非常讲究时间上的先后顺序，而因果思维又导致了对错思维，既然有因有果，我们就难免要去追究对错，追究谁该为结果负责。

这里我们可以看到这样一个逻辑：个体视角导致因果思维，而因果思维导致对错思维。冲突就从这里开始。

通常情况下，偏偏那个被认为是罪魁祸首的人，也不认为自己是原因，他觉得对方才是原因，他只是结果。于是两个人便起了争执。

对错思维造成对立关系。它虽然是个体视角的产物，但它本身也没有逃脱关系的约束。

因为对错思维本身就是在塑造一种关系：好人和坏人的关系，惩罚和惩罚者的关系，聪明的人和无知的人的关系……

无论是什么样的关系，对错思维都是把关系双方对立起来，塑造的就是一种对立关系。

对错思维的背后有"应该思维"。"应该思维"的本质是我们不去改变自己的想法，而是要外界按照我们的想法运行。纠结对错，就是关系里的应该思维。

但现实是"别人的想法，跟我们不一样"，你头脑中有再多的"应该"，成绩应该怎么好，朋友应该相信我……也没有办法改变现实。

有时候，我们能容忍人际关系的这种思维差异，就会变得更灵活，有更大的应对空间。如果不能容忍这种差异，那我们就会在对错的争论中拼命加强防御，而最终受伤的是关系。

讲到这里，我们已经厘清了个体思维是如何导致"都是你的错"的指责，而这些指责，又是怎么伤害我们与他人的关系的呢？

那么从关系的思维看，我们该怎样看责任问题呢？

其实很简单，在关系里，人们的行为是相互影响、相互塑造的。根本没有什么绝对的因果，也没有明确的对错。

这确实不是一种容易让人接受的思考方式。问题的关键是：

没有了对错，我们身处的关系如果出现问题，该怎么办？谁来改变？

唯一的方法就是回到"自己"身上，做自己能做的事，承担关系中自己的责任，而不去要求对方，不去控制和纠正对方，不管别人怎么样，也不管结果会如何。这是突破对错思维最有效、最直接的方法。

也许会有人感觉很憋屈：凭什么让我改！

是的，你并不是必须这样，关系是允许破裂的，如果一段关系真的让你很不舒服，而你又觉得这个关系对你来说不重要、没有价值，你不愿为之做出一点努力和付出，那么你就可以从这段关系中撤退。

但如果你认为这个关系对你很重要，你很珍惜它，那你肯定就要从自己身上找问题了。

事实上，当你在自己身上找问题的时候，这种态度也会感染其他人，其他人也有极大可能会检讨自身的问题，这就形成良性循环。

但话又说回来，我们也不能承担我们不该承担的责任，把关系中所有的错误都归在自己身上，生活在不必要的内疚当中。无论朋友还是家人都各有各的边界，我们在一段关系中都要守好各自的边界，不能轻易越界。我们要清楚地看到除了自己之外，关系中另外几方的问题，和大家商量共同解决问题。

我们珍惜一段关系，主动找自己的问题，并不意味着无原则的退让，我们要知道，大多数时候，我们没有办法解决别人的矛盾，例如，父母因为他们自身性格问题不断吵架，朋友深陷网瘾不能自拔……当我们解决不了这些矛盾时，不要把这些问题变成自己的问题，陷入到内疚和抑郁的情绪里去。我们必须得承认，即使是亲人、最知心的朋友，也和我们的思维不一样，选择不一样，有些困难，只能他自己去面对和解决，有些决定，只能他自己来做，无论他的决定在我们看来有多糟糕。

第六章
做一个双商俱佳的人

智商与情商，永远是人们讨论的热门话题。人们总在争论，智商与情商到底哪个更重要。你若说智商更重要，立刻会有人举出反例；若说情商更重要，可是人们偏偏如此热衷于追求提升智商。其实，智商与情商并不是相互独立的，单独哪一方强，都不算是一个成功的人。我们的目标是做一个双商俱佳的人。

一、养成高效的思维习惯

1. 走出舒适区

简单地说，当人对于某些人、事、物习以为常后，便会产生"舒适区"。我们固有的习惯、观念、行为方式、思维定式等，都会使我们沉浸于心理舒适区中。如果改变，就会走进"非舒适区"。由于人是具有自我保护意识的动物，因此多会选择躲在舒适区。

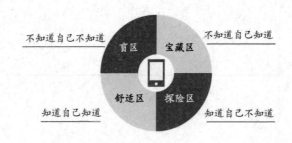

图 6.1　走出舒适区

沉溺于"舒适区"的人，会不思进取、故步自封，其行为表现为：懒惰、松懈、倦怠和保守。他们满足于现状，没有强烈的改变欲望，更不会主动地付出努力，没有危机感，自我麻痹，感到自己比别人优越。"维持现状"的倾向让他们不自觉地维持自己习以为常的一切行为。

要逃离舒适区，首先得制订一个具体的行动计划。

这样做的目的是在心里暗示自己有潜力做到。很多学生之所以成绩老是停留在"中游"，是因为他们对位居"中游"感到满足，不愿意采取更积极的也可能让他们更"吃苦"的行动。毕竟打破原有状态不仅要有突破的勇气，还要有切实的行动。

其次，学会正确地自我施压。

自我施压适用于那些惰性较强的人，也就是赖在舒适区不愿行动的人。要改变自己的消极态度，就要不断给自己施加压力。比如，在偷懒的时候，可以质问自己"不努力学习，将来怎么办""我现在的样子，能不能对得起父母的期望"等问题，造成紧迫感，促使自己迅速行动。

最后，对自己的行动计划进行调整。

行动计划调整实际上是一个自我反思的过程。行动力强的人不畏惧失败，不给自己找借口，只会对自己过去经历的事情做出反思和总结。这也叫复盘思维。

2. 提高学习的自觉性

学生阶段最大的烦恼就是被迫去完成繁重的学习任务，尤其是对那些不感兴趣的学科，时常会产生抵触情绪，甚至恨教材、恨老师、恨学校。但作为学生你肯定明白："要我学"与"我要学"的学习效果是有天壤之别的。

那么，有什么办法能把"要我学"转变成"我要学"呢？

（1）目标引导，以长期的眼光去培养习惯。任何习惯的养成都是有诱因的，开动脑筋畅想，哪些因素可以激发你学习的自觉性，并养成稳定的习惯。

请你一口气把对下面 3 个问题的回答写下来，不要停顿。注意，这是自由发挥。无论你想到了什么，都只管写出来。

①确定一个对你的生活有积极影响的人。你最赞赏这个人的什么品质？你从这个人身上学到了什么品质？

②详细说明你想成为什么样的人。设想现在已是 3 年后（甚至 20 年后），你已经达成了自己所希望的所有成就。你的成就清单是什么？你想拥有什么？你想成为怎样的人？你想成就怎样的事业？

③请确定，目前对你最重要的是什么？

凭借对上述问题的思考，为自己制订一个短期目标（也可以是中期甚至长期目标），根据目标写出自己的使命宣言。目标越高远，动力越强大。而引发达成目标的欲望，可以帮你养成以终为始的思维习惯。只有找到人生的方向（也就是逐渐确立你的价值观），学习才会有动力，自觉性才能提高。

（2）把你想培养的习惯转化为固定的行为模式。史蒂芬・柯维在《高效能人士的七个习惯》中写道："人生就是一个螺旋式上升的过程，我们只有不断地学习、实践，坚持养成能让我们终身受益的习惯，我们才能稳步向上，我们才能在各种问题和困境中，破茧而出。"一般来讲，人受一定观念和观念体系（思想）指导的行为表现出连续性或一贯性，而一贯性的行为表现一般能体现出行为者的总体面貌。一旦将思想转化为固定的行为模式，学习的自觉态度也就稳定了。

（3）设立奖惩模式。想要长期坚持自觉学习的习惯，仅凭个人毅力很难做到。从心理学上说，积极行动的动力来源是"产生快感"或"回避痛苦"。因此，设立有效的奖惩机制，可以为我们提供长期的动力来源。

我们可以制订一套自主学习计划，规定每天要完成的内容。如果按时完成，可以给自己一些小小的奖励，如一个冰淇淋，一件喜欢的衣服等；如果未能完成，也要受到相应的惩罚，如3天不许看电影、罚抄写单词等。在奖惩机制的激励或鞭策下，我们更容易坚持目标，最终形成习惯。当然，奖惩机制的关键在于执行，这就需要我们的自觉性。

3. 有效管理时间

制订了学习计划之后，必须设定完成的时间。时间管理的效率直接影响学生综合素质的提高。学生大多数时间是在学校学习的，这部分时间由学校和老师安排，无须刻意管理，只需要科学合理地利用即可。重要的是学会利用时间碎片，这才是超越别人的关键所在。

学霸们都非常珍惜时间，善于合理安排自己的时间，这一点非常值得我们好好学习。

（1）集腋成裘，注重积累。生活中有许多零碎的时间不为人所注意，这些时间虽短，但充分利用起来也能完成不少事情。比如，我们在课堂上学了很多知识，往往当时觉得记住了，但考试时却怎么也想不起来。这些碎片化的时间，正好可以用来回顾和记忆这些：等车的时间可以用来回顾新学的知识点，吃饭的工夫可以记几个单词，运动时可以回想做错的习题等。当然，我们也要注意劳逸结合。在疲劳之前休息片刻，既可避免因过度疲劳导致的超时休息，又可使自己始终保持较好的"竞技状态"，从而大大提高学习效率。

图 6.2 时间管理 4D 原则

时间对每个人都是公平的，所有人的一天都是 24 小时。但同样是 24 小时，不同的人运用它产生的效能却大不相同。如果我们善于利用时间，把握每分每秒，就能在有限的时间里做出很多的事情。

（2）未雨绸缪，考虑不确定性。在时间管理的过程中，有时需应付不确定性事件，因为计划没有变化快，需要为意外事件留时间。主要措施：第一，为每个计划保留多余的预备时间；第二，努力使自己在不留余地又饱受干扰的情况下，完成预定的学习任务；第三，另准备一套应变计划。

（3）有效利用"二八"定律。"二八"定律表明学生应该把最佳时间用在最重要的事情上，即所谓"好钢用在刀刃上"。同样的时间所产生的学习效果，对不同的人来说往往相差很大。这里有一个合理安排时间的问题。比如，早晨是记忆的黄金时间，适合用来记忆外语单词、古诗文；而上午、下午和晚上较长的时间，可用来复习数、理、化等偏重于思考与理解的科目。

经过一段时间的脑力劳动之后，大脑会疲劳，从而破坏学习的良好心理状态，导致学习效率降低。那么，怎样才能防止大脑疲劳，使心理状态维持在最佳水平呢？18世纪，法国杰出的思想家卢梭在自传中写道："应当承认，我本不是一个生来适于研究的人，因为我用功的时间稍长一点就感到疲倦，甚至我不能一连半小时集中精力于一个问题上，尤其是在顺着别人的思路思考时更是这样——如果我必读一位作家的著作，刚读几页，我的精神就会涣散，并且立即陷入迷茫状态。即使我坚持下去，也是白费，结果是头昏眼花，什么也看不懂了。但是我连续研究几个不同的问题，即使毫不间断，我也能轻松愉快地一个一个地寻思下去。这一问题可以消除另一问题所带来的疲劳，用不着休息一下脑筋。于是，我就在我的计划中充分利用我所发现的这一特点，对一些问题交替进行研究，这样，即使我整天用功也不觉得疲倦。"因为学习是由大脑的不同部位支配的，变换学习的方式和内容可以使大脑皮质的某个部位由抑制状态转为兴奋状态，从而缓解神经细胞的疲劳，使大脑得到休息。

（4）杜绝拖延，及时解决问题。克服"办事拖延"的陋习，推行"限时办事制"，力图在限定时间内完成学习或工作任务，将一些不太重要的事集中起来办。许多同学习惯于"等到最后"，有的同学花费很多时间来等待"进入状态",却不知状态是干出来的,而非等出来的,最佳时机是需要把握的。

我们有了利用时间的能力,但是也要讲方式方法,对于在课堂上没有弄懂的问题,最好的方式是及时与老师沟通,争取将这个问题弄懂吃透。不要自己一个人冥思苦想,把不懂的问题遗留、积累下来,这样会导致在复习中查漏补缺时又要再学习一遍,而复习的时候往往时间没有那么多,过多的问题很容易打击学习的信心、打乱学习的节奏。

(5)全面计划,突出重点。计划要全面,就是要将所有情况都估计到,并安排好常规学习时间和自由学习时间。不要平均使用力气,要将大部分精力用在重点内容上。

所谓重点,一是指自己成绩不理想的课程,或某些薄弱点;二是指知识体系中的重点内容。制订计划时,一定要集中精力、集中时间,保证重点。

二、拥有让自己持续成长的能力

1. 摒弃红灯思维，培养绿灯思维

所谓红灯思维其实就是一种针对外界指出与自己观点不同时的一种消极表现，当我们听到不同的观点时，通常第一反应不是思考对方提出的问题或质疑是否合理，而是"你不了解情况你凭什么这么说""别故意挑刺行吗"这种心理，这种把别人不同的观点阻挡在自己思维之外的思想行为就是红灯思维的表现。

在生活当中，我们都会碰到这样一种情况：我们在提出一个方案的时候，如果这时有人跳出来持反对意见或者驳斥，我们内心的第一反应可能是"这个人是不是故意和我作对""我得想办法把他驳倒，否则以后所有人都会笑话我"。

于是就陷入了对立争吵的局面，全然不会去想别人的意见是否具有合理性，能否给方案带来全新的正向改变，只是一味地维护自己的"脸面"，维护自己观点、方案的"正确性"。

这是非常可怕的一种思维。

乔布斯生前说过一句话："我特别喜欢和聪明人在一起工作，因为最大的好处是不用考虑他们的尊严。"了解乔布斯的人应该知道，乔布斯是一个对待员工极其苛刻的领导者，为了产品的精益求精，他甚至可以当众骂一个员工。

那么在这个时候，如果你是乔布斯的员工，在得到乔布斯本人的正面斥责后就无法承受，不能面对他人观点的介入，也就失去了让自己进步的动力。

红灯思维形成的原因是自我意识的防卫与掩饰。

生活中，"肯定假的，怎么可能""我活了这么多年还不知道这些""你个小年轻知道什么"，类似这样的话语都属于红灯思维。甚至我们家庭中的许多争吵和各执己见也都属于红灯思维。有红灯思维的人，往往拒绝接受新观点、新理念、新事物。

红灯思维的本质是人对于暴露自身缺点的恐慌。我们拒绝新观点，根源在于对自己的不够自信而产生的下意识的心理防卫。我们在第一章讲情商时曾提到两种思维模式：固定型思维和成长型思维，而红灯思维就是固定型思维中比较极端的一种。

固定型思维的人，会把一切来自于外界的不同的声音视作敌意和侵犯，他们会沉浸在自我建立的一个舒适圈里，不愿意再更进一步。

然而，现在是一个讲求终身学习、不停迭代的时代。我们要想有所成就，就不能放弃自我成长，我们要做的，就是关闭我们思维上的红灯，同时打开绿灯。绿灯思维倾向于无论外界的观点是否中听，都会认真去听去考虑，吸收有价值的为己所用，让自己成长，当然，对于无价值的观点碰撞，绿灯思维也会以很平和的方式接纳。

电视节目中，我们常常看到当评委点评参赛选手时，选手们会有不同的反应。有的会虚心接纳批评，有的会针对批评找各种借口，这就是拥有绿灯思维和红灯思维人的不同反应。

其实，绿灯思维没有那么容易自我形成，毕竟人的本性在听到别人质疑的时候，还会下意识地自我防卫的。比如，日常生活中，很多的争吵也都源于双方的红灯思维。这也是古人一直强调自我修养的原因之一。

《论语》中的"三人行，必有我师焉"就是典型的绿灯思维，"君子尊贤而容众，嘉善而矜不能"，意即君子既尊重贤人，又能容纳众人；能够赞美善人，又能同情能力不够的人。这同样也是绿灯思维。

《史记》中说"反听之谓聪，内视之谓明，自胜之谓彊"，翻译过来是，能够听从别人的意见叫做聪明，能够自我反省叫做明智，能够自我克制叫做强者。

这又何尝不是绿灯思维。

绿灯思维，是追求成功和持续成长的人应该具有的思维模式，拥有绿灯思维的人，也是工作或者学习进步最快的一批人。

那么如何培养绿灯思维呢？

《好好学习》一书中给了一个不错的办法——将"我"和"我的观点"剥离开来，互相独立。

举个例子：假使现在有人对你说，你的这个方案不行啊，有这样那样的问题，应该如何如何的时候，不要把别人对于观点的否定和质疑带到"我"的身上，对方应该是针对"我的观点/想法/方案"提出的。

只要从心底里非常明确一件事,"我"和"我的观点"是不一样的,就足够了。

回到一开始的案例,乔布斯所说的"聪明人没有尊严"是真的吗?很显然不是,他们只是把"我"和"我的观点"分得很清楚罢了。

如今这个社会无时无刻不在传递焦虑给我们,每个人都渴望变得优秀,成长到一定的境界,但有所成就的人总是占少数。其实人与人之间的差距,往往也只是思维认知的差距,我们或许无法实现阶层大跨越,但我们可以通过绿灯思维让自己变得更加优秀。

正确的思维方式一旦建立,那么你的人生就有可能发生质变。

2. 看懂查理·芒格的 25 个人生开关

查理·芒格,沃伦·巴菲特的黄金搭档,伯克希尔·哈撒韦公司的副主席。在过去的 46 年里,他和巴菲特联手创造了有史以来最优秀的投资纪录——伯克希尔公司股票账面价值以年均 20.3% 的复合收益率创造投资神话,每股股票价格从 19 美元升至 84487 美元。

作为一位被世界公认为有智慧的投资思想家,查理先生是非常懂人性的,人性复杂无比,但人性又是亘古不变的,他的误判心理学提出了 25 种心理倾向,也就是人们的思维定式。围棋中有个词叫"不思而应",意思是"还没想呢,棋就下了",这就是思维定式起作用的结果。我们可以把这些思维定式理解为开关，就是说，一拨这些东西你就有反应，很多时候反应还特别大。

①激励。它是个超级开关。永远不要低估激励的作用，其重要性再怎么强调也不过分。

②爱。人们渴望爱与被爱，因此对所爱者的缺点熟视无睹，听从其意志，偏爱其所爱，甚至不惜扭曲事实。爱既能把人推向巅峰，也能把人打到谷底。

③恨。恨与爱恰为镜像，人们为此无视所仇恨者的优点，乃至一切与之相联的事物，同样不惜扭曲事实。

④讨厌不确定性。人们不愿意陷入怀疑和不确定的状态之中，总是想立即做出决定。这与困惑和压力有关，困惑和压力越大，人们越想摆脱不确定性。

⑤一致性。人们讨厌前后不一，总想前后协调起来。如果与上一条合起来，可能导出可怕的后果：过快地下判断、做决定，然后永不改变。

⑥好奇。人类的好奇心远胜任何动物，好奇心是人类进步的一大因素，这是一方面；另一方面，好奇心有时候会危及自己或他人的生命。

⑦公平。己所不欲，勿施于人。

⑧嫉妒。作为最古老的开关之一，嫉妒肯定来自于演化。兄弟姐妹、朋友之间的嫉妒，更甚于陌生人。

⑨投桃报李，以牙还牙。没有它，人类不可能进化出合作，但它也可以被利用来操纵人。给你小恩小惠，你的感激油然而生，于是掉进陷阱。

⑩近朱者赤。哪怕两样东西只是肤浅地联系在一起，也会对

人的判断产生连带影响。广告里面多美女，原因即在此。

⑪否认现实。如果现实太令人痛苦，人们会拒绝承认。

⑫过度重视自己。人们总是认为自己拥有的东西更好，喜欢与自己相似的人。这样做的好处是安全，坏处是形成同类的小圈子，陷入互相欣赏但逐渐衰败的螺旋里。

⑬过度自信。这跟上一条"过度重视自己"密切相关。过度自信的人，还往往会高估自己对其他人的判断力。我们在前面的内容里提到过。

⑭厌恶损失。人们厌恶确定的损失，甚至不惜去冒巨大的风险来避免。很多赌徒一开始没有赌瘾，只是厌恶损失。那些酿成重大事故的冲突很多时候也是缘于一方厌恶损失，结果在追回损失时，与另一方冲突导致失控。

⑮寻找认同。青少年受同伴影响远胜于家庭。

⑯对标。人们不擅长对一件孤立的事情做判断，一定要找到一个参照物，通过和参照物的比较进行判断。比如，你花 100 元买了一个东西，买得是否划算很难说，但如果它昨日是 50 元，你就很容易判断它不划算。

⑰压力。压力有二重性。套用巴甫洛夫对狗的研究：第一，巨大的压力会使人崩溃；第二，压力若足够大，所有人都会崩溃；第三，最坚强的人一旦崩溃，恢复也最难；最有意思的是第四点，恢复的唯一途径是重新施加巨大的压力。

⑱重视易得的东西。芒格提到一句歌词，"如果我爱的人不在身边，我就爱身边的人"。耶鲁大学校长、心理学家苏必得也说，恋爱这件事，相关性最大的就是距离。

⑲用进废退。只有练习才能精进，这个人人都知道。

⑳毒品有害。这个没什么可解释的。

㉑衰老。没有谁能在年老后还擅长学习新的复杂技能，迟滞岁月磨损的唯一办法是始终保持思考，怀抱欣喜之心学习。这也是青春之所以可贵的原因之一。

㉒服从权威。领导比普通人更容易显得英明神武，尽管他们除了位子之外就是普通人。正因如此，什么样品质的人在有权力的位置上这件事，比我们想象中还重要。

㉓闲聊。人人都爱闲聊，这没什么办法，但你得尽量做到别让闲聊的人打扰做正事的人。

㉔万事有理由。让别人做事一定要告诉他为什么，因为人人都想知道。人们重视理由到什么地步？只要说了"因为"两个字，不管后面说什么，别人都会多多少少倾向于你的观点。

㉕这是个总开关，组合开关。如果把前面的单个开关组合起来，效果会更为强烈。比如，"厌恶损失"与"追求一致性"结合起来，使人不断在失败的事情上追加下注，直到全部输光；而"服从权威""追求一致性"，再加上"寻找认同"，则容易创造一些极端组织。

回过头来看这25个开关，芒格说，它们既不是所有时候都好，也不是所有时候都坏，它们就是思维的快捷方式；我们每个人包括他自己，都在这25个开关的控制下。其次，记住这25个开关，但凡意识到我们正在被哪个开关所控制，其实就有了解药。

①对照这些开关检查自己的决策，知道就是得到，比懵懂好很多。

②下判断之前最好有个冷静期，避免冲动。

③要计算概率，可以使决策更稳妥。

④找对参考系，不要盲目比较。

⑤与前后不一这件事和解，自相矛盾没什么大不了。

⑥永远直面真相，不管有多难。

第七章
思维分类实战特训

　　思维训练是20世纪中期诞生的一种头脑智能开发和训练技术，其核心理念是相信"人脑可以像肌肉一样通过后天的训练得以强化"。不少家长羡慕那些做题会举一反三的孩子，觉得这些孩子真聪明。其实，在聪明的背后是这些孩子从小便有意识或潜移默化地接受思维训练，打下了良好的基础。思维训练会让孩子从多角度考虑问题，从而看到事物的多面性。

一、逻辑推理思维题

逻辑推理即演绎推理，就是从一般性的前提出发，通过推导演绎，得出具体陈述或个别结论的过程。万物皆有关联，由此可以及彼，串点可以成线，有效牵住一线或可掌控全局，它对人的思维保持严密性、一贯性有着不可替代的校正作用。

1. 他为什么自杀

有个男青年跟他的女友去河边散步。突然，他的女友掉进河里了，男青年急忙跳到河里去找。可潜入水底后他的腿被什么东西缠住了，他以为那是水草，于是拼命地将它蹬开。最后，他没能找到女友，伤心地离开了。几年后，他故地重游，在河边看到有位老人在钓鱼，他发现老人钓上来的鱼身上没有水草。他便问钓鱼的老人为什么鱼身上没有沾到一点水草，老人告诉他："这条河里从来没有长过水草。"男青年闻言，突然大叫一声，跳到河里自杀了。为什么？

2. 六级考试

某班学生参加英语六级考试。关于考试的结果，有如下猜测：

甲：所有的人都通过了。乙：班长没通过。丙：肯定有人没通过。丁：不会所有的人都没通过。如果上述猜测中，只有一项失实，那么以下哪项是真的？

A. 甲猜错了，班长没通过。

B. 乙猜错了，班长通过了。

C. 丙猜错了，班长通过了。

D. 丁猜错了，班长没通过。

E. 甲猜错了，班长通过了。

3. 凶手的身份

在旧金山的一家旅馆内，有位客人死了，名探詹姆接报后前往现场调查。死者是一位中年绅士，从表面迹象看，他是因中毒而死。

"这个英国人两天前就住在这里，桌上还留有遗书。"旅馆负责人指着桌上的一封信说。

詹姆小心翼翼地拿起遗书细看，内文是用打字机打出来的，只有签名及日期是用笔写上的。詹姆凝视着信上的日期——3.15.19，然后像是得到答案似的说："若死者是英国人，则这封遗书肯定是假的。相信这是一宗谋杀案，凶手可能是美国人。"

詹姆究竟凭什么这么说呢？

4. 什么职业

有一个小院里住着 3 个人，他们是福克纳、圣地亚哥和海明威，其中海明威住在两家的中间。3 个人中，一个是木匠，一个是瓦匠，还有一个是鱼贩，可是谁也不知道他们各自从事什么职业，只是常听说鱼贩在福克纳外出不在的时候，到处追赶福克纳饲养的猫，而圣地亚哥每次带女朋友到家里，木匠总是吃醋，咚咚地敲着圣地亚哥的墙。你能在 5 分钟之内分辨出他们各自的职业吗？

5. 头巾的颜色

有一队人一起去郊游。他们有的人戴的是蓝色的头巾，有的人戴的是黄色的头巾。在一个戴蓝色头巾的人看来，蓝色头巾与黄色头巾一样多，而在戴黄色头巾的人看来，蓝色头巾比黄色头巾要多一倍。那么，到底有多少人戴蓝色头巾，多少人戴黄色头巾呢？

6. 黑帮老大

在一次激烈的战斗中，黑社会团体被打掉了，有 4 名嫌疑犯甲、乙、丙、丁被抓。据情报显示，黑帮老大就在这 4 人里面。审问的时候，他们的回答是不同的。甲说："丙是老大。"乙说："反正我不是老大。"丙说："乙是老大。"丁说："甲是老大。"经了解，这 4 个人中只有一人说的是实话，其他人说的都是假话。聪明的警长很快便找到了老大，他是怎样找到的？

7. 活命

在临上刑场前，国王对预言家说："你不是很会预言吗？你怎么没有预言到你今天要被处死呢？我给你一个机会，你可以预言一下今天我将如何处死你。你如果预言对了，我就让你服毒死；预言错了，我就绞死你。"似乎无论对错都得死，但是聪明的预言家的回答，使国王无论如何也无法将他处死。

请问，他是如何预言的？

8. 猜名字

老师在手上用圆珠笔写了 A、B、C、D 中的一个人的名字。老师握紧手，对他们说："你们猜猜我的手上写了谁的名字？"A 说："是 C 的名字。"B 说："不是我的名字。"C 说："不是我的名字。"D 说："是 A 的名字。"4 个人猜完后，老师说："你们中只有一人猜对了，其他人都猜错了。"他们听后，很快就猜出来了。你知道老师手上写的是谁的名字吗？

答案：

1. 这个男青年跳到河里找他的女友时被水草缠住，他拼命蹬开它，后来钓鱼老人告诉他河里从来就没有水草，他由此推断出当时缠住他的"水草"其实是女友的头发。

2. A。甲丙矛盾，推出乙丁正确。由乙说班长没通过，推出甲说的是假话。

3. 因为英国日期的书写格式应该是：日，月，年，那么遗书的日期应该为："15，3，19"。美国日期的书写格式是：月，日，年。显然这封遗书的日期写法是按美国人的习惯而写，通过这封伪造的遗书可判断凶手是美国人。

4. 这是一个简单的判断推理题。从字面上可以知道：福克纳不是鱼贩，圣地亚哥不是木匠。海明威住在两家中间，只有他才能敲别人家的隔墙，因此推出海明威是木匠。那么由此得知，福克纳只能是瓦匠，圣地亚哥则是鱼贩。

5. 由于每个人都看不到自己头上戴的头巾，而在戴蓝色头巾的人看来是一样多，说明蓝色头巾比黄色头巾多一个，设黄色头巾有 x 个，那么蓝色头巾就有 x + 1 个。而在每一个戴黄色头巾的人看来，蓝色头巾比黄色头巾多一倍，也就是说，2（x – 1）= x + 1，解得 x = 3。因此，蓝色头巾有 4 个，黄色头巾有 3 个。

6. 推理如下：因为乙、丙说的话互相矛盾，所以肯定乙和丙中有一人说了假话。如果是乙说真话，则甲丙丁必有一人说的也是真话，不符合题意，所以是乙说了假话，推断出乙是老大。

7. 预言家必须做出这样的分析：如果预言服毒死，就预言对了，就会服毒而死。如果预言绞死，情况一，国王绞死他，预言正确，让他服毒死，有矛盾；情况二，国王让他服毒死，预言错误，让他绞死，国王自身做法和他先前说法有矛盾。因此，只要预言"你将绞死我"，国王就无论如何也无法将他处死。

8. 是 B 的名字。因为 A 说：是 C 的名字；C 说：不是我的名字。这两个判断是矛盾的。那么，A 与 C 两人之中必定有一个是正确的，一个是错误的。如果 A 正确，那么 B 也是正确的，与老师说的"只有一人猜对了"相矛盾，所以 A 必是错误的。这样，只有 C 是正确的，其他判断都是错误的。B 的判断：不是我的名字。而 B 的判断是错的，那么 B 的相反判断就是正确的，即是 B 的名字。

二、创新思维题

创新思维是指以新颖独创的方法解决问题的思维过程。通过这种思维，我们能突破常规思维的界限，以超常规甚至反常规的方法、视角去思考问题，提出与众不同的解决方案，从而产生新颖的、独到的、有社会意义的思维成果。人人具备创新能力，关键在于我们是否能够挖掘和培养出来。

1. 牧童拴牛

古时候有个牧童，放牛时想去玩一会儿。他怕牛跑掉，想把牛拴起来，但四周都是草地无处拴牛。后来，他看到池塘中央的土墩上有棵大树。可是，池塘水深，涉不过去。最后，他动了动脑筋，终于把绳子拴在大树上了。你猜他是怎样拴的？

2. 过河

两个人走到河边，岸上有一条船，可是只能坐一名乘客，而船又不能自己漂过河。结果是两个人都顺利抵达了河对面，他们是如何做到的呢？

3. 情报电话

福特在金冠大酒店被歹徒劫持，歹徒逼迫他当着他们的面给家里报平安，福特的电话内容是这样的："亲爱的罗莎，你好吗？我是福特，昨晚不舒服，不能陪你去夜总会，现在好多了，多亏金冠大酒店经理送的特效药。亲爱的，不要和我这样的'坏人'生气，我们会永远在一起的，请你原谅我的失约，我的病不是很快就好了吗？今晚赶来你家时再向你道歉，可别生我的气呀！好吧，再见！"

可是 5 分钟后，警察突然出现在他们面前，歹徒不得不举手投降。你知道福特是怎么报案的吗？

4. 绝招

有个财主的寿辰快到了，他便请了一位画师为自己画了一幅画像，好在寿宴上炫耀一番。画像画好后，财主想占便宜，借口说画得不像，把价钱压得很低。画师和财主争辩了半天，财主也不加一文钱。画师想了想，拿着画走了。但是第二天，财主却主动找到画师，并且出了很高的价钱把画买了下来。

请问，画师用了什么办法迫使财主出高价买了他的画呢？

5. 神偷

古埃及的王宫里藏有 3 颗价值连城的宝石。为了防止被盗，侍卫们在装宝石的盒子里放了一条毒蛇。可是一天晚上，有一个神偷将宝石偷了出来。他既没有戴手套也没有用任何方式接触到毒蛇，而且把宝石盗走的时候，毒蛇依然安静地待在盒子里。

你知道神偷是怎样把宝石偷出来的吗？

6. 剪绳子

约翰很小的时候就表现出超常的智慧，常常想出一些绝妙的办法来解决生活中的问题，得到了老师和同学的称赞。有一次，约翰的爷爷买回几个拼装的玩具飞机，约翰和几个兄弟都想得到它。但是爷爷说："我这里有一条绳子，你们谁能从绳子的中间剪开，让绳子还是一条绳子，我就把玩具飞机给他！"兄弟几个冥思苦想，最后还是约翰做到了。你知道他是怎么做到的吗？

7. 好办法

一个不规则的透明玻璃瓶，上面只刻着 5 升、10 升两个刻度，而里面装了 8 升硫酸，现在需要从中倒出 5 升。别的瓶子上都没有刻度，硫酸的腐蚀性又大，请你想想，用什么办法一次就能准确地倒出需要的量？

8. 真与假

山脚下春意盎然，蝴蝶和蜜蜂在花丛间飞舞，养蜂人的妹妹拿来两朵一模一样的花让哥哥猜哪一朵是真花，哪一朵是假花。但只能远远地看，不能用手去摸，更不能闻它。如果是你，你该怎么办？

9. 篮子里的鸡蛋

桌子上有一个篮子，里面装有 6 个鸡蛋。6 个人轮流从中拿走 1 个鸡蛋，为什么篮子里还剩下一个鸡蛋？

答案：

1. 把牛牵到池塘边，将牵牛的绳子拉住绕着池塘跑一周。这样，跑到牛旁边时绳已环绕一周拴在树上了，再把绳子的两端拴在牛身上。

2. 因为这两个人分别在河的两岸。

3. 福特在打电话时做了点手脚。在通话时，他一讲到无关紧要的话，就用手掌心捂紧话筒，不让对方听到；而讲到关键的话时，就松开手。这样，家人接收到的"间歇式"情报电话就是："我是福特……现在……金冠大酒店……和……坏人……在一起……请你……快……赶来……"

4. 画师抓住了财主爱炫耀的虚荣心，仅在财主画像的脖子上添了一副枷锁，并写上个"贼"字，然后拿到大街上去卖。很多人都认出是财主，于是一传十、十传百，大家纷纷围着画看。财主知道后很气愤，但又没有办法，只好出很高的价钱把画买来，并丢到火里烧掉了。

5. 先把盒子倒放，然后把盖子拉开一条缝，仅仅使 3 颗钻石掉出来，这样就不会接触到毒蛇了。

6. 约翰只需把绳子接成一个圆，最后从中间剪开，还是一条绳子。

7. 往瓶里放大小不同的玻璃球，使液面升到 10 升刻度处，然后往外倒至 5 升刻度处。这是利用玻璃球不会被硫酸腐蚀的特点。

8. 打开窗户，让蜜蜂飞到房间里来。蜜蜂嗅觉灵敏，只采真花。

9. 最后一个人连篮子一起拿走了。

三、发散思维题

发散思维也是一种创造性思维，是对要解决的问题，沿着各种不同方向去思考，从联想、想象、灵感和直觉等多种思维形式中，寻求各种各样的解决方法。因此，它分析问题的思维模式是跳出框框去思考，并非没有答案或者提出一个固定不变的答案，而是在解决问题的过程中不断地问自己"如果这样尝试会有何发现"，分析问题的各个方面以创造不同的结果。发散思维鼓励人们寻找和考虑新颖而独特的方法、机会、观念和解决方式。

1. 老板损失了多少钱

王老板花 30 元买回一双鞋，准备以零售价 40 元卖出。一个小伙子来买鞋，拿出一张 100 元人民币，王老板找不开，只能去找邻居换开这 100 元，然后找给了小伙子 60 元。后来，邻居发现这个 100 元是假币，王老板没办法又还了邻居 100 元。

请问这次交易中，王老板一共损失了多少钱？

2. 男同事和女同事

年底，单位召开了"优秀员工表彰大会"。老田望了望和自己一样站在主席台上接受表彰的同事，对站在旁边的小王说：
"哈，女同事还真不少呢，占了1/3。"小王也看了看，说："哪
有那么多，也就占1/4。"他们都没说错，那么站在主席台上的到
底有多少名男员工、多少名女员工呢？

3. 一句话

人工智能专家发明了一台预测机，任何人都可以问它一小时
之内会不会发生某件事。如果预测机预知这件事会发生，就亮绿
灯，表示"会"；如果亮红灯，就表示"不会"。这个机器一经推
出受到很多人的欢迎，特别是警察局的警员，因为这样可以减轻
他们的工作任务。只有局长不高兴，因为他知道预测机根本就不
可靠，用一句话就可以验证。

那么，你知道局长想到了一句什么话吗？

4. 魔术硬币

魔术师让小王在桌子上掷一把硬币，快速看一下结果，然后
转过身去，让小王随机将硬币一对一对地翻个面（翻几次或者多
少对都无所谓），然后要求小王遮住其中的一枚硬币。魔术师转
过身来，立刻说出了被遮住的硬币是正面朝上还是背面朝上，你
知道这是怎么回事吗？

5. 完全相同的试卷

考生在绝对不能作弊的考场中进行测验，居然出现了两张完
全一模一样的答卷。如果说这不是一种偶然现象，那么你认为在
什么情况下会出现这种现象？

6. 有可能吗

有甲、乙、丙、丁 4 匹马赛跑，它们共进行了 4 次比赛。结果是甲超过乙 3 次，乙又超过丙 3 次，丙又超过丁 3 次。那么，很多人一定以为丁跑得最慢，但事实上，丁却超过甲 3 次，这看似矛盾的结果可能发生吗？

7. 加油

杰克和大卫开着各自的轿车一起去兜风。回来时，他们发现两辆汽车里都只剩下可以走 3 公里路程的汽油，他们距离加油站还有 4 公里，又没有工具可以把一辆汽车的汽油加入另一辆汽车内。你能为他们想个办法让他们到达加油站吗？

8. 智搬石头

公园里运来一些漂亮的花岗岩，其中一块重达 15 吨，最小的一块也有 150 公斤左右。现在为了更加美观，园丁师傅想把这块大花岗岩放到小花岗岩上，但想要搬动这块 15 吨重的庞然大物似乎不太可能。刚巧有一位新来的园丁得知了此事，他两三下就把这块巨石搞定了。新来的园丁想了一个什么办法？

9. 聪明的招待员

在洛杉矶的一家酒吧里，一位老牛仔坐在吧台前拿出 1 美元说："伙计，来杯啤酒。"

"普通的还是烈性的？"调酒师问道。

"他们的价格有什么不同吗？"老牛仔望着调酒师。

调酒师说："普通的 90 美分一杯，烈性的 1 美元一杯。"于是，老牛仔给了调酒师 1 美元，要了一杯烈性啤酒。

过了一会儿，又有人来到吧台，递上了 1 美元，也要一瓶啤酒，调酒师一句话都没问，直接给了他一杯烈性啤酒。

请问，调酒师为什么不经询问就直接给后一个人拿烈性啤酒呢？

10. 三只桶的交易

有一个农夫用一个大桶装了 12 千克油到市场上去卖。恰巧市场上两个家庭主妇要买油，她们分别带了容量为 5 千克和 9 千克的两个小桶。最后她们共买走了 6 千克油，一个矮个子家庭主妇买了 1 千克，一个高个子家庭主妇买了 5 千克，更为惊奇的是，她们没有用任何称量的工具。她们是怎么分的？

11. 奥库乘车

奥库上了一辆公共汽车，他发现买票的人（包括奥库在内）只占了车上人的 1/3，可汽车一直开到终点，司机和售票员都没有向另外 2/3 的人索要车票。这是为什么？

答案：

1. 此题用财物的收支两条线的方法能算出答案，不过还有更简单的方法。题中问老板损失了多少钱，其实就是问小伙子赚了多少钱。小伙子赚了一双鞋加60元零钱，所以老板共损失了60元零钱以及鞋的进价30元，一共90元。

2. 主席台上一共站了13人，女员工有4人，老田是男的，小王是女的，他们都没算上自己。

3. 局长只需说："这次的预测结果会亮红灯吗？"如果预测机亮红灯表示"不会"，那么预测机就预测错了，因为事实上它已经亮起了红灯。如果它亮绿灯时说"会"，这也错了，因为实际上亮的是绿灯，而不是红灯。这样预测机就预测不准了。

4. 魔术师运用了奇偶性规律。当魔术师最后转过身去时，他会数一下现在面朝上的硬币数目。如果和开始时一样是奇数（或者和开始时一样是偶数），那么被遮住的硬币一定是背面朝上的。反之，被遮住的硬币是正面朝上的。因为只要硬币是一对一对翻个面，而不是单个硬币翻面，硬币数目的奇偶性是不变的。

5. 都是白卷。

6. 这种情况在满足下列条件的前提下，就有可能发生：第一次比赛名次顺序：甲、乙、丙、丁；第二次：乙、丙、丁、甲；第三次：丙、丁、甲、乙；第四次：丁、甲、乙、丙。

7. 先用一辆车拉着另一辆车走2公里，再调换过来继续拉着走。

8. 要逆向思考问题，不要一味地想要把巨石搬到小岩石上。为什么不把小岩石放在巨石下方呢？新来的园丁指挥大家用铲子挖开巨石下方的土壤，把小岩石放进去就可以了。

9. 老牛仔给的是 1 张 1 美元的纸币；而第二个人给的是 3 个 25 美分，2 个 10 美分和 1 个 5 美分的硬币，加起来是 1 美元。如果他要的是 90 美分的啤酒，他可以直接给调酒师 90 美分。

10. 农夫先从大桶中倒出 5 千克油到 5 千克的桶里，再把这 5 千克油倒进 9 千克的桶里，再从大桶里倒出 5 千克油到 5 千克的桶里，然后把 5 千克桶里的油倒进 9 千克的桶里直至灌满。现在，大桶里有 2 千克油，9 千克的桶已装满，5 千克的桶里有 1 千克油。再将 9 千克桶里的油全部倒回大桶里，大桶里就有了 11 千克油。把 5 千克桶里的 1 千克油倒进 9 千克桶里，再从大桶里倒出 5 千克油，现在大桶里有 6 千克油，而另外 6 千克油也被换成了 1 千克和 5 千克两份。

11. 车上只有一位乘客，那就是奥库。他买了票，司机和售票员当然不会向他们自己要车票。

四、假设思维题

　　假设思维是指根据已知的科学原理和一定的事实材料，对事物存在的原因、普遍规律或因果关系进行假定、说明和科学解释的思维方式。在我们解决疑难问题的时候，假设思维是最基本、最常用的思维方法，几乎任何问题的解决都需要先进行一个或一些假设，然后再小心地求证。

1. 谁偷吃了水果和小食品

　　赵女士买了一些水果和小食品准备去看望一个朋友，谁知这些水果和小食品被她的儿子们偷吃了，但她不知道是哪个儿子。为此，赵女士非常生气，就盘问 4 个儿子谁偷吃了水果和小食品。老大说："是老二吃的。"老二说："是老四偷吃的。"老三说："反正我没有偷吃。"老四说："老二在说谎。"这 4 个儿子中只有一个人说了实话，其他 3 个都在撒谎。那么，到底是谁偷吃了这些水果和小食品？

2. 她们分别买了什么

　　小丽、小玲和小娟一起去商场买东西。她们都买了各自需要的东西，有帽子、发夹、裙子、手套等，而且每个人买的东西都不同。有一个人问她们都买了什么，小丽说："小玲买的不是手套，小娟买的不是发夹。"小玲说："小丽买的不是发夹，小娟买的不是裙子。"小娟说："小丽买的不是帽子，我买的是裙子。"她们每个人说的话都是有一半是真的、一半是假的。那么，她们分别买了什么东西？

3. 凶手是谁

小阳的妹妹是小蒂和小红，他的女友叫小丽，小丽的哥哥是小刚和小温。他们的职业分别是：小阳是医生，小刚是医生，小蒂是医生，小温是律师，小红是律师，小丽是律师。这 6 个人中的一个杀了其余 5 个人中的一个。①假如这个凶手和受害者有一定的亲缘关系，那么说明凶手是男性；②假如这个凶手和受害者没有一定的亲缘关系，那么说明凶手是个医生；③假如这个凶手和受害者的职业一样，那么说明受害者是男性；④假如这个凶手和受害者的职业不一样，那么说明受害者是女性；⑤假如这个凶手和受害者的性别一样，那么说明凶手是个律师；⑥假如这个凶手和受害者的性别不一样，那么说明受害者是个医生。根据上面的条件，请问凶手是谁？

提示：根据以上陈述中的假设与结论，判定哪 3 个陈述组合在一起不会产生矛盾。

4. 奇怪的小姐妹

有一个人在森林里迷路了。他想看一下时间，可是发现自己没带表。恰好他看到前面有两个小女孩在玩耍，于是决定过去打听一下。可不幸的是，这两个小女孩有一个毛病，姐姐上午说真话，下午就说假话，而妹妹与姐姐恰好相反。但他还是走过去问她们："你们谁是姐姐？"胖的说："我是。"瘦的也说："我是。"他又问："现在是什么时间？"胖的说："上午。""不对，"瘦的说，"应该是下午。"这下他迷糊了，到底谁说的话是真的，谁说的话是假的？

5. 哪个正确

地理考试结束后，有5个同学互相看了看5道选择题的答案，其中，同学甲：第三题是A，第二题是C。同学乙：第四题是D，第二题是E。同学丙：第一题是D，第五题是B。同学丁：第四题是B，第三题是E。同学戊：第二题是A，第五题是C。结果他们各答对了一道题。根据这个条件猜猜以下哪个选项正确：

A. 第一题是D，第二题是A；

B. 第二题是E，第三题是B；

C. 第三题是A，第四题是B；

D. 第四题是C，第五题是B。

6. 他有多狡猾

夜总会的侍者上班的时候，听到顶楼传来的呼叫声。他奔到顶楼，发现管理员腰部束了一根绳子被吊在房梁上。

管理员对侍者说："快点把我放下来，去叫警察，我们被抢劫了。"管理员把经过告诉了警察，说昨夜停止营业以后，进来两个强盗把钱全抢去了，然后把他带到顶楼，用绳子吊在梁上。警察对此深信不疑，因为顶楼房里空无一人，他无法把自己吊在那么高的梁上，那里也没有垫脚之物。有一部梯子曾被这伙强盗用过，但它却放在门外。

然而，没过几个星期，管理员因偷盗而被抓了起来。你能否说明一下，没有任何人的帮助，管理员是怎样把自己吊在半空中的？

7. 走哪条路

有一个外地人路过一个小镇，此时天色已晚，于是他便去投宿。当他来到一个十字路口时，他知道肯定有一条路是通向宾馆的，可是路口却没有任何标记，只有 3 个小木牌。第一个木牌上写着：这条路上有宾馆。第二个木牌上写着：这条路上没有宾馆。第三个木牌上写着：那两个木牌有一个写的是事实，另一个是假的。相信我，我的话不会有错。

假设你是这个投宿的人，你觉得你能找到宾馆吗？如果能，哪条路上有宾馆？

8. 预言家

阿尔法、贝塔、伽玛和欧米伽 4 个欧洲少女正在接受训练，为了将来能成为预言家。实际上，她们中只有一个后来成了预言家，并在特尔斐城谋得一个职位；其余 3 个人，一个当了职业舞蹈家，一个当了宫廷侍女，另一个当了竖琴演奏家。一天，她们正在练习讲预言。

阿尔法预言："贝塔无论如何也成不了职业舞蹈家。"

贝塔预言："伽玛终将成为特尔斐城的预言家。"

伽玛预言："欧米伽不会成为竖琴演奏家。"

而欧米伽预言她自己将嫁给一个叫阿特克赛克斯的男人。

事实上，她们当中只有一个人的预言是正确的，而正是这个人后来成了特尔斐城的预言家。她们各自从事什么职业？欧米伽和阿特克赛克斯结婚了吗？

9. 抓住绑匪

某公司老板的儿子被绑架，对方要求拿 10 万美元来交换，绑匪在电话中说："你把钱包好，用普通邮件在明天上午寄出，我的地址是……"老板马上报了案。为了不打草惊蛇，警察化装后来到绑匪所说的地址。可奇怪的是，这里有地区名、街名，却没有电话里说的门牌号码和收件人。警察经过研究，马上确定了嫌疑犯，并很快找到证据，将其抓获，救出了人质。

这个绑匪是什么人呢？

10. 找出公主

有一个美丽的公主在河边洗澡，当她洗完后发现放在岸边的衣服被人偷了。关于这件事，公主、旁观者、目击者和救助者各有说法。

玛丽说："瑞利不是旁观者。"

瑞利说："劳尔不是目击者。"

露西说："玛丽不是救助者。"

劳尔说："瑞利不是目击者。"

她们的说法如果是关于公主的就是假的，如果是关于其他人的就是真的。请你根据她们的说法判定谁是公主。

答案：

1. 老三偷吃了水果和小食品，只有老四说了实话。用假设法分别假设老大、老二、老三、老四说了实话，看是否与题意相矛盾，就可以得出结论。

2. 可用假设法。假设小娟买的是裙子，小娟的前半句话就是错的，那么小丽买的就是帽子。而小丽的后半句话是对的，前半句就是错的，那就推出小玲买的是手套。再来看小玲的话，小丽买的不是发夹，小娟买的不是裙子，明显前半句是对的，后半句是错的。这样就跟题意吻合了。因此，小丽买的是帽子，小玲买的是手套，小娟买的是裙子。

3. 利用组合假设：

②③⑥组合得到凶手是小蒂，受害者是小刚。

分析可知①③不能组合在一起，因为凶手和受害者有一定关系且职业一样时，不可能都是男性。

①④组合时，不可能与⑤组合，因为性别产生矛盾。

①④⑥组合时，若小阳是凶手，则受害者只可能是小蒂和小红，职业不一样则受害者只能是小红，而小红是律师与⑥条件矛盾；若是另一家，凶手可能是小刚或小温，受害者是女性即小丽，但小丽是律师与⑥矛盾。

②③组合时，不可能与⑤组合，因为②③条件得到凶手与受害者都是医生，与⑤矛盾。

②③⑥组合，没有矛盾，得到凶手是小蒂，受害者是小刚这个结论，且与①④⑤没有冲突。

②⑤不能组合在一起，因为凶手职业是相矛盾的。

②④⑥组合时，②④得到凶手是医生，受害者是律师，与⑥中受害者是医生相矛盾。

4. 假设是下午，那么瘦的说的就是真话，所以瘦的是妹妹，但她又说自己是姐姐，与妹妹下午说真话矛盾，所以不可能是下午。那么就是上午，此时姐姐说真话，妹妹说假话，而胖的说是上午，所以胖的是姐姐，瘦的是妹妹。

5. C。假设同学甲"第三题是 A"的说法正确，那么第二题的答案就不是 C。同时，第二题的答案也不是 A，第五题的答案是 C，再根据同学丙的答案知道第一题的答案是 D，然后根据同学乙的答案知道第二题的答案是 E，最后根据同学丁的答案知道第四题的答案是 B。所以选项 C 正确。

6. 他利用梯子把绳子的一头系在顶梁上，然后把梯子移到了门外。再从冷库搬进一块巨大的冰块，他立在冰块上，用绳子把自己系好，随着时间流逝，冰块渐渐融化。第二天当侍者发现他时，冰块融化后的水渍已干，管理员就这么神奇地把自己吊在半空中了。

7. 走第三条路。假设第一个木牌是正确的，那么第一个小木牌所在的路上就有宾馆，第二条路上就没有宾馆，则第二句话是真的，结果就有两句真话了；假设第二句话是正确的，那么第一句话就是假的，第一、二条路上都没有宾馆，所以走第三条路，并且符合第三句所说，第一句是错误的，第二句是正确的。

8. 推断一，贝塔不可能是预言家，因为她要是预言家，则她说的话是真的，那么伽玛也是预言家，与题矛盾；推断二，欧米伽也不可能是预言家，如果是，则伽玛的话是真的，那么她也是位预言家，与题矛盾；推断三，伽玛也不可能是预言家，如果是，则贝塔也是，与题矛盾。

因此，预言家只能是阿尔法，欧米伽为竖琴演奏家，贝塔为宫廷侍女，伽玛为职业舞蹈家。欧米伽不会与阿特克赛克斯结婚。

9. 绑匪是邮差。因为在没有门牌和真实姓名的情况下，只有他才能安全地收到钱，但如果是挂号信就不行了，所以他要求普通信件。

10. 露西就是公主。用3个假设判断。

假设玛丽是公主，那么露西的话虽然是对公主说的却又是真的，所以玛丽不可能是公主；假设瑞利是公主，那么玛丽和劳尔的发言虽然是对公主说的却又是真的，所以瑞利不可能是公主；假设劳尔是公主，那么瑞利的话是对公主说的却又是真的，所以劳尔不可能是公主。

五、排除法题

排除法就是通过已知条件来确定结论（答案）的范围，把不在结论（答案）范围内的其他结论（答案）排除掉的一种逻辑思维。运用排除法如果不能一眼看出正确答案，那么就先将明显荒诞、拙劣和错误的排除掉，再寻求正确答案。

1. 他们是怎么知道的

有4个人在做游戏，其中一人拿了5顶帽子，有3顶是白的，2顶是黑的。他让其余3人站成三角形，闭上眼睛。他给每个人戴上一顶白帽子，把两顶黑帽子藏起来，然后让大家睁开眼睛，不许交流，自己猜自己戴的帽子的颜色。3人互相看了看，最后异口同声地说出了正确答案：他们所戴的帽子是白色的。他们是怎么猜出来的？

2. 他们是哪里人

甲、乙、丙3人，一位是洛杉矶人，一位是芝加哥人，一位是纽约人。现在只知道：丙比纽约人年龄大，甲和芝加哥人不同岁，芝加哥人比乙年龄小。请问，甲、乙、丙分别是哪里人？

3. 谁出差了

公司要在代号为甲、乙、丙、丁、戊、己中选人出差，人选的配备要求是：①甲、乙两人至少去一个人；②甲、丁不能一起去；③甲、戊、己中要派两人去；④乙、丙中去一人；⑤丙、丁中去一人；⑥若丁不去，则戊也不去。那么哪些人出差了？

A. 甲、乙、丙、己；B. 甲、乙、己；C. 乙、丙、丁、戊；D. 乙、丙、戊。

4. 如何选择姓氏

某届活动奖评选结束了。A 公司拍摄的《黄河颂》获得最佳故事片奖，B 公司拍摄的《孙悟空》取得最佳武术奖，C 公司拍摄的《白娘子》获得最佳戏剧奖。这次活动奖评选结束以后，A 公司的经理说："真是很有意思，恰好我们 3 个经理的姓分别是 3 部片名的第一个字。另外，我们每个人的姓同自己所拍片子名称的第一个字又不一样。"另一公司的孙经理笑着说："真是这样的！"根据以上内容进行推理，以下选项哪个正确。

A. A 公司经理姓孙，B 公司经理姓白，C 公司经理姓黄；

B. A 公司经理姓白，B 公司经理姓黄，C 公司经理姓孙；

C. A 公司经理姓孙，B 公司经理姓黄，C 公司经理姓白；

D. A 公司经理姓白，B 公司经理姓孙，C 公司经理姓黄；

E. A 公司经理姓黄，B 公司经理姓白，C 公司经理姓孙。

5. 他们分别是教什么课的老师

在一个办公室里有 3 个老师——王、李、赵，他们承担了数学、物理、政治、英语、语文、历史 6 门课的教学任务，而且每个老师都要授两门课。已知：①政治老师和数学老师住在一起；②王老师是 3 位老师中最年轻的；③数学老师和赵老师是一对优秀的象棋手；④物理老师比英语老师年长，比另一个老师年轻；⑤最年长的老师的家比其他两个老师的家远。请问，他们分别是教什么课的老师？

6. 他们在做什么

学校宿舍的同一房间里住着 A、B、C、D 4 个学生。她们当中有一个人在剪指甲，一个人在写东西，一个人站在阳台上，另一个人在看书。已知：①A 没有剪指甲，也没有看书；②B 没有站在阳台上，也没有剪指甲；③如果 A 没有站在阳台上，那么 D 不在剪指甲；④C 既没有看书，也没有剪指甲；⑤D 不在看书，也没有站在阳台上。请问 A、B、C、D 各自都在做什么？

7. 老师挑了一张什么牌

A、B、C 3 名学生知道方桌的抽屉里有许多张扑克牌：红桃 K、Q、4；黑桃 J、8、4、2、7、3；梅花 K、Q、5、4、6；方块 K、5。一位老师从这些牌中挑出一张牌来，并把这张牌的点数告诉了 B，把这张牌的花色告诉了 C。这时，老师问 B 和 C："你们能从已知的点数或花色中猜出它是什么牌吗?"于是,A 同学听到了他们的对话。B 同学:"这张牌我不清楚。"C 同学:"我知道你不知道它是什么牌。"B 同学:"现在我知道它是什么牌了。"C 同学:"我也知道了。"听过上述对话,A 同学想了一下,就知道这张牌是什么了。请判断一下,这张牌是什么?

答案：

1. 根据所给帽子的颜色，只能有 3 种可能，即黑黑白、黑白白、白白白。如果是黑黑白，那么戴白帽的人就能立即说出答案，而没有人说出，排除了这种可能；如果是黑白白，那么戴白帽的人见其他人没有立即说出答案，就会知道自己戴的是白帽，立即说出答案，而这时也没有人猜出，也排除，那么只有白白白这一种可能了。

2. 甲是纽约人，乙是洛杉矶人，丙是芝加哥人。

"甲和芝加哥人不同岁，芝加哥人比乙年龄小"，可以得知芝加哥人是丙。丙比纽约人年龄大，但比乙年龄小，说明乙不是纽约人，所以乙是洛杉矶人，那么甲就是纽约人。

3. B。由条件③可排除 C、D，由条件④可排除 A，因此答案为 B，代入题中验证，正符合条件。

4. B，即 A 公司经理姓白，B 公司经理姓黄，C 公司经理姓孙。因为 A 公司的经理说完后，另一个姓孙的经理又说，说明 A 公司经理不姓孙，排除 A；C 公司拍摄的是《白娘子》，因此 C 公司经理不姓白，排除 C；同理也可排除 D、E。

5. 王教英语、数学；李教语文、历史；赵教物理、政治。

6. A：站在阳台上；B：在看书；C：在写东西；D：在剪指甲。通过排除法可得：

A：写东西或者站在阳台上；B：写东西或者看书；C：写东西或者站在阳台上；D：写东西或者剪指甲。

由此可得 D 一定在剪指甲；由条件③可得 A 站在阳台上；由此排除 C 站在阳台上，因此她一定是在写东西，那么 B 一定在看书。

7. 方块 5。

能让 B 同学只知道点数，却不能确定花色的牌只有 K、4、5、Q 四种点数。而 C 同学知道 B 不知道，而 C 同学知道花色，那么这个花色一定不包含独一无二的点数，这时只有方块和红桃符合条件。这时 B 同学知道了这张牌是这两种花色，而且 B 同学又能确定这张牌是什么，所以牌的点数不是 K，而此时只知道花色的 C 同学也知道了这张牌是什么，那么只有方块 5 符合条件了。

六、分析法题

分析法指从要证的结论出发，逐步寻求使它成立的充分条件，直到归结为判定一个显然成立的条件（已知量、定义、公理、定理、性质、法则等）为止，从而证明论点的正确性、合理性的论证方法，也称因果分析法、逆推证法或执果索因法。任何问题，只要仔细分析，总是可以让我们更加准确地得出最佳答案。

1. 1 元钱到哪了

有 3 个人去旅店住宿，住 3 间房，每间房 10 元，于是他们付给老板 30 元。第二天，老板觉得 25 元就够了，于是就让伙计退 5 元给这 3 位客人。谁知伙计贪心，只退回每人 1 元，自己偷偷拿了 2 元。这样一来便等于那 3 位客人各花了 9 元，3 个人一共花了 27 元，再加上伙计独吞的 2 元，总共 29 元。可当初一共付了 30 元，那么还有 1 元到哪里去了？

2. 最后剩下的是谁

50 名运动员按顺序排成一排，教练下令："单数运动员出列！"剩下的运动员重新排列编号。教练又下令："单数运动员出列！"如此下去，最后只剩下一个人，他是几号运动员？如果教练喊："双数运动员出列。"最后剩下的又是几号运动员？

3. 找最大的钻石

在某大楼里，从一楼到十楼，每层楼的电梯门口都放着一颗钻石，但大小不一。有一个女人从一楼乘电梯到十楼，每到一层楼，电梯的门都会打开一次。从始至终，这个女人只能拿一次钻石，她怎样才能拿到最大的一颗？

4. 如何过桥

在一个夜晚，同时有 4 个人需要过一座桥，一次最多只能通过 2 个人，且只有一只手电筒，而且每个人的速度不同。A、B、C、D 过桥需要的时间分别为：1、2、5、10 分钟。问：在 17 分钟内这 4 个人怎么过桥？

5. 百思不解

住在伦敦的 A 夫人特地从美国买回来一只幼年长毛牧羊犬。为了使这只狗变成世界第一的名犬，她送它到以训练动物闻名的德国哈根别克大学接受训练。一年后，长毛牧羊犬学成后返回夫人身边，没想到它连坐、举手等基本动作都没有学会。根据驯犬师信中所写，这只狗能够按照主人所下达的命令做动作。A 夫人为此百思不得其解，请问这是怎么回事？

6. 生门，死门

你现在面临两扇门，有一扇是生门，另一扇是死门。生门及死门都有一个人看守，而这两个人之中，守生门的只会说真话，守死门的只会说假话。这两个守门人知道哪一扇门是生门，哪一扇门是死门，而你则不知道。同时，你也不知道哪个人会说真话，哪个人会说假话，更不知道他们各守的是哪扇门。请问有什么方法可以只问其中一个守门员一个问题，就可以知道哪扇是生门？

7. 猜猜谁买了什么车

吉米、瑞恩、汤姆斯都买了一辆汽车，汽车的牌子分别是奔驰、本田和丰田。他们一起来到朋友杰克家里，让杰克猜猜他们各买的是什么牌子的车。杰克猜道："吉米买的是奔驰车，汤姆斯买的肯定不是丰田车，瑞恩自然不会是奔驰车。"很可惜，杰克只猜对了一个，你知道他们各自买了什么牌子的车吗？

8. 如何分汤

两个犯人被关在牢房里，监狱每天都会给他们提供一小锅汤，让这两个犯人自己来分。起初，这两个人经常会发生争执，因为他们总是认为对方的汤比自己的多。后来，他们找到了一个两全其美的办法：一个人分汤，让另一个人先选，于是争端就这么解决了。可是，这间牢房里又进来一个新犯人，现在是 3 个人分汤。因此，他们必须找出一个新的分汤方法来维持他们之间的和平。请问：应该如何分汤？

9. 破案

某公寓发生了一起凶杀案，死者是已婚妇女。探长来到现场观察。法医说："尸体经过检验，受害者在不到两小时前，被一把刀刺中心脏而死。"探长发现桌上有一台录音机，问其他警员："你们开过录音没有？"警员都说没开过。于是，探长按下放音键，传出了死者死前的声音："是我老公想杀我，他一直想杀我。我看到他进来了，他手里拿着一把刀。他现在不知道我在录音，我要关录音机了，我马上要被他杀死了。""咔嚓"一声录音到此中止。探长听到录音后，马上对众警员说："这段录音是伪造的。"你知道探长为什么这么快就认定这段录音是伪造的吗？

10. 共有几条病狗

一个村子里一共有50户人家，每家都养了一条狗。村主任说村里面有病狗，然后就让每户人家都可以查看其他人家的狗是不是病狗，但是不准检查自己家的狗是不是病狗。这些人如果推断出自家的狗是病狗的话，就必须自己把自家的狗枪毙了，但是每个人在看到别人家的狗是病狗的时候不准告诉别人，也没有权力枪毙别人家的狗，只有权力枪毙自家的狗。然后，第一天没有听到枪声，第二天也没有，第三天却传来了一阵枪声。请问：这个村子里一共有几条病狗？请说明理由。

答案：

1. 不存在 1 元的去向问题。问题源自将钱的来源和去向混淆造成的逻辑圈套。分析一下去向就明白了，所有钱的来源是 3 个人，30 元；再看去向，其中 3 元还给了 3 个人，伙计藏了 2 元，老板收了 25 元，一共是 30 元；反过来算，则来源只能看成是 3 个人共 27 元，去向是老板收了 25 元，伙计藏了 2 元，这样就清楚了。

2. 前者 32 号，后者 1 号。教练下令单数运动员出列时，只要下 5 次命令，就会剩下最后一个人。此人在下第五次令之前排序为 2，在下第四次令之前排序为 4，在下第三次令之前排序为 8，在下第二次令之前排序为 16，在下第一次令之前排序为 32，即 32 号运动员。而双数运动员出列时，我们可以得出剩下的是 1 号运动员，因为 1 号永远不会变成双数。

3. 第一步：对前 3 个比较大小，对于最大的心里要有一个概念。第二步：中间 3 个作为参考，分析比较，确认最大的一个的平均水平。第三步：在最后 4 个中选择一个属于最大一批的，闭上眼睛不再观察之后的。这颗就是最大的一颗。

4. 第一步：A、B 过桥用时 2 分钟；第二步：B 送手电返回用时 2 分钟；第三步：C、D 过桥用时 10 分钟；第四步：A 送手电返回用 1 分钟；第五步：A、B 再过桥用时 2 分钟。总共正好 17 分钟。

5. 狗训练时听到的语言是德语，自然听不懂 A 夫人用英语下达的指令。

6. 只要问其中一个："你认为另一个守门人会说他守的是生

门还是死门？"就可以知道哪扇是生门，哪扇是死门了。如果这个人说"守生门"，他会说"另一个人会回答他守的是生门"；如果这个人说"守死门"，则会说"另一个人会回答他守的是死门"。

7. 从杰克的猜测中可知，只有"汤姆斯买的肯定不是丰田"这种猜测是正确的，那么他买的就只能是本田或奔驰。吉米应该买的不是奔驰，只能是丰田或本田，那么吉米买的是丰田车，瑞恩买的是奔驰车，汤姆斯买的是本田车。

8. 一个人分汤，另两个人先选，最后一份留给分汤的。这样分汤的人想得到同样分量的汤肯定会分得公平。

9. 如果真的是她老公杀的话，死者就不可能说："他不知道我在录音，我要关录音机了。"如果被杀者录音并不被杀人者所知，录音不会有咔嚓声，否则被杀者就可能知道录音机所在何处，离开时也会把录音机销毁，就不存在这个录音了。

10. 3 条。第一天没枪声，说明病狗主人看到了其他病狗，没能判断出自己的病狗。第二天没枪声，说明病狗主人至少看到了两条病狗，否则通过第一天的沉默，病狗主人就能得出正确判断。两条病狗的主人都看到了另两条病狗，才会影响他们第二天的判断，所以说村里一共 3 条病狗，第三天主人们就可以得出正确判断了。

七、数学思维题

数学思维是数与形结合的过程。它将具体的问题普遍化、抽象化为一个纯粹的数学问题，而对这个抽象问题的解决又具有实际的意义，有助于解决实际问题。我们可以借助简单的图形、符号和文字所做的示意图，促进形象思维和抽象思维的协调发展，沟通数学知识之间的联系，从复杂的数量关系中凸显本质特征。

1. 分牛

据说俄国大作家托尔斯泰设计了这样一道题，从前有个农夫，死后留下了一些牛，他在遗书中写道：妻子得全部牛的半数加半头；长子得剩下的牛的半数加半头，正好是妻子所得的一半；次子得剩下的牛的半数加半头，正好是长子的一半；长女得最后剩下的半数加半头，正好等于次子所得牛的一半。结果一头牛也没杀，也没剩下。问：农夫总共留下多少头牛？

2. 各有多少人民币

爸爸想考考儿子的智力，给儿子出了道题。爸爸说："我手里有 1 元、2 元、5 元的人民币共 60 张，总值是 200 元，并且 1 元面值的人民币比 2 元的人民币多 4 张。儿子，给爸爸算算这三种面值的人民币各有多少张？"儿子眨了眨眼睛，摸摸脑袋，不知道怎么算。你能算出来吗？

3. 哪个数最小

有 A、B、C、D 四个数，它们分别有以下关系：①A、B 之和大于 C、D 之和，②A、D 之和大于 B、C 之和，③B、D 之和大于 A、C 之和。请问，你可以从这些条件中判断这四个数中哪个数最小吗？

4. 付费

某人租了一辆车从城市 A 去城市 B，在途中的一个小镇上遇到了两个熟人，于是三人同行。三人在城市 B 待了一天准备回城市 A，但是他的朋友甲决定在他们相遇的那个小镇下车，朋友乙决定跟他回城市 A，他们用 AA 制的方式各付费用。从城市 A 到城市 B 往返需要 40 元钱，而他们相遇的小镇恰是 AB 两城的中点。他们应该怎么付钱呢？

5. 卖西瓜

小张和小王经常在一起卖西瓜。一天，小张家里有点事，就把西瓜托付给小王代卖。没卖之前，小张和小王的西瓜一样多，但是，小张的西瓜小一些，所以卖 10 元钱 3 个，小王的西瓜大一些，所以卖 10 元钱 2 个。现在小王为了公平，把所有的西瓜混在一起，以 20 元钱 5 个出售。当所有的西瓜都卖完之后，小张和小王开始分钱，这时，他们发现钱比他们单独卖少了 20 元。这是怎么回事呢？小张和小王当时各有多少个西瓜呢？

6. 机票难题

赤道上有 A、B 两个城市，它们正好位于地球上相对的位置。分别住在这两个城市的甲、乙两位科学家每年都要去南极考察一次，但飞机票实在是太贵了。围绕地球一周需要 1 000 美元，绕半周需要 800 美元，绕 1/4 周需要 500 美元。按照常理，他们每年都要分别买一张绕地球 1/4 周的往返机票，一共要 1 000 美元，但是他们却想到一条妙计，两人都没花那么多钱，你猜他们是怎么做的？

答案：

1. 15 头。解此题的最好方法是倒过来算：长女既然得到的是最后剩下的牛的"半数"再加"半头"，结果 1 头都没杀，也没有剩下，那么，她得到的必然是：1 头；次子：长女得到的牛是次子的一半，那么，次子得到的牛就是长女的 2 倍，即 2 头；长子：次子得到的牛是长子的一半，那么，长子得到的牛就是次子的 2 倍，即 4 头；妻子：长子得到的牛是妻子的一半，那么，妻子得到的牛就是长子的 2 倍，即 8 头。把 4 个人得到的牛的头数相加：$1 + 2 + 4 + 8 = 15$。

2. 假设 1 元的人民币减少 4 张，那么这三种人民币的总和就是 $60 - 4 = 56$（张），总面值就是 $200 - 4 = 196$（元），这样 1 元和 2 元的人民币数量相等，再假设 56 张全是 5 元的，这时人民币的总面值就是 $5 \times 56 = 280$（元），比先前假设的多 $280 - 196 = 84$（元），原因是把 1 元和 2 元都当成了 5 元，每有 1 张 1 元的和 1 张 2 元的，就会多算 $5 \times 2 - (1 + 2) = 7$（元），$84 \div 7 = 12$（张），由此可知，把 12 张 1 元的和 12 张 2 元的假设成了 5 元的，所以 2 元的有 12 张，1 元的有 $12 + 4 = 16$（张），5 元的就有 32 张。

3. C 最小。由题意可得，①A + B > C + D；②A + D > B + C；③B + D > A + C。由① + ②得知 A > C，由① + ③可得知 B > C，由② + ③得知 D > C，所以 C 最小。

4. 因 3 人相遇的小镇恰是两城市的中点，所以可以将租车人的旅程分为 4 段，朋友甲只走了两段，朋友乙走了 3 段，此人则走了全程，往返两城需要 40 元，三人走的总路程共 9 段，总费用均分到每段路程上，得一段费用是 40/9 元，进而得出甲的费用是 8.9 元，乙的费用是 13.3 元，此人的费用就是 17.8 元。

5. 如果 1 个西瓜 10/3 元和 10/2 元，那么放在一起后，1 个西瓜就是 25/6 元，但由于是以 5 个西瓜 20 元的价格出售的，也就是说 1 个西瓜 4 元，所以，每个西瓜损失了 25/64 = 1/6（元）。现在损失了 20 元，因此，一共有西瓜 20/（1/6）= 120（个），因此小张和小王各有 120 个西瓜。

6. 甲买一张经由南极到 B 市的机票，乙买一张经由南极到 A 市的机票，当他们两人在南极相会时，把机票互换一下，这样他们只花了 800 美元就到了自己的城市。

八、观察思维题

观察思维是对观察所获得的感性认识进行提炼，去粗取精，去伪存真，从而寻找现象与条件的因果关系，探求事物的本质属性，认识客观世界的发展规律。

观察是解决一切问题的前提条件，观察不仅是看见事物，还包括思维过程在内。它为思维活动提供思维材料，因而观察越仔细、越全面，思维就越深刻、越严密。观察思维法可以加深自己对问题基本条件的理解，缩短掌握问题关键的时间，从而很好地提高自己分析问题、解决问题的能力。

1. 钱为什么会少

一个人下午要出差，给他的儿子打电话，要求儿子买一些出差需要的东西。他告诉儿子，桌子上的信封里放着钱。儿子找到了装钱的信封，上面写着98。于是，儿子就拿着这些钱到超市买了90元钱的东西。当他准备付钱时发现，不仅信封里没剩下8元钱，反而不够90元，这是怎么回事呢？钱为什么会少？

2. 聪慧的妻子

从前有位船员，年前不能如期回家，便托人捎 100 元钱和一封信带给家里。捎信者不怀好意，半路将信偷拆开，见信笺上画了 8 只八哥和 4 只斑鸠，至于钱却只字未提。于是，他只拿出 50 元钱给船员的妻子。可这位聪明的妻子看信后，对他说："我丈夫明明说带回 100 元钱的呀。"那人一愣，红了脸，又拿出了 50 元钱。

你知道这位妻子是如何通过这幅画知道捎来的是 100 元钱吗?

3. 月夜凶杀案

某天晚上 9 点，韩国一个小镇上发生了一起杀人案。第二天就找到了犯罪嫌疑人，刑警立即对他进行审问。

"昨晚 9 点左右你在哪儿?"

"在河边与我女朋友谈话。在南岸。昨夜是满月，河面上映出的月亮真好看!"河水是由东向西流的。

"你说谎! 这么说，罪犯就是你。"

请问，刑警判断的根据是什么?

4. 分辨金球和铅球

有两个大小及重量都相同的空心球，但是，这两个球的材料是不同的，一个是金，一个是铅。这两个球的表面涂了一样颜色的油漆，现在要求在不破坏表面油漆的条件下用简易方法分出哪个是金的，哪个是铅的。你能分辨出来吗?

5. 谁在骗人

威廉是"伊丽莎白"号轮船的主人。这一天，他邀请业界的好友齐聚"伊丽莎白"号远航日本。正当他们玩得高兴时，威廉的一位好友大叫，称他那装有机密文件的公文包丢失了。威廉立刻把船上的5名船员叫过来一一询问。船长说，刚才他在驾驶舱里一直没走开过，有录像可以做证；技师说，他一直在机械舱保养发动机，可是没人可以证明；电力工程师告诉威廉，他刚才在顶层甲板更换日本国旗，挂上去以后发现挂倒了，于是重新挂了一次，有国旗可以做证；还有两名船员说他们在休息舱打牌，互相可以做证。威廉听完，立刻指出了其中一个人在说谎，并且让他交出公文包。你知道谁在说谎吗？

6. 抓出偷窃犯

江陵城外有个佛光寺，寺里有座宝塔，塔顶上有一颗闪闪发光的大佛珠，寺庙因此而得名。这年中秋节，老和尚要外出化缘，便留下两个徒弟看守寺院。

半个月后，老和尚化缘归来，发现塔顶的佛珠被人偷换了，便叫来两个徒弟询问。大徒弟说："昨晚我上厕所，借着月光，看见师弟爬上塔偷走了佛珠。"小徒弟争辩道："我昨晚整夜都睡在禅房里，从没起来过，佛珠不是我偷的。好像自从师傅走后，佛珠就没有发过光。"老和尚听完两人的叙述后，便知道谁说了谎话，偷换了佛珠。

你知道是谁吗？

7. 观察正方形

观察下列图形，其中有一个与示例有相同的特点。这一特点是什么？是哪一个图形？

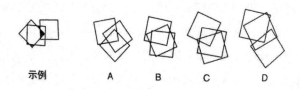

示例　　　A　　　B　　　C　　　D

8. 隐藏的立方体

观察下面的立方体，回答两个问题。

①左图的第四个立方体被隐藏在下层后面的角落里。将这个物体拿起，从各个角度观察它，你能看出多少不同的立方体的面呢？

②右图的"双L"形由6个立方体组成，但第六个立方体隐藏在中间一层后面的角落里。如果你能够从各个角度观察这个物体，你会看到多少个面呢？

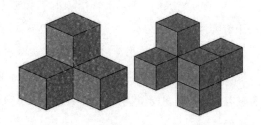

答案：

1. 儿子把信封上的数字看反了，其实信封上写的是 86，因此，儿子去买东西时钱不够，还少了 4 元。

2. 8 只八哥就是 8 × 8 = 64，4 只斑鸠就是 4 × 9 = 36，所以一共是 64 + 36 = 100。

3. 嫌犯说是在东西流向的河南岸坐着，即他是面朝北的。在北纬 29 度线以北，可以看到月球和太阳一样在天空南东升西落。如果他面朝北，是看不见月亮在河水中的倒影的。

4. 因金的密度比铅大，但它们体积重量都相同，那说明二者中间的空心大小肯定不同，金的密度大，那金的空心肯定大，这样它的浮力就大。把它们放在装满水的容器中，那铅在水中的体积大，溢出水多的是铅球。

5. 电力工程师在说谎。日本国旗是白底加太阳的图案，无所谓正反的区别，更别说出现挂倒这种事情了。因此，电力工程师根本没有重新挂国旗，他有足够的时间作案。在大多数时候，只要根据严密的逻辑推理和正确的判断，就能顺利解决问题，需要注意的是，不要遗漏任何细节。

6. 大徒弟说了谎，是他偷走了佛珠。因为，老和尚是中秋节外出，半个月后回来时应是农历初一，没有月亮，哪能有月光呢？

7. D 项与之相匹配，3 个正方形相交组成了 4 个三角形。

8. 问题①：18 个面。问题②：26 个面。